Parole per oggi

ATTIVITÀ SUL LESSICO

D1287396

NEW YORK UNIVERSITY PRESS
New York and London
www.nyupress.org

©2013 Department of Italian Studies at NYU
All rights reserved

References to Internet websites (URLs) were accurate at the time of writing.
Neither the author nor New York University Press is responsible for URLs that
may have expired or changed since the manuscript was prepared.

LIBRARY OF CONGRESS CATALOGING-IN-PUBLICATION DATA
Parole per oggi / General Editor: Renata Carloni ; Assistant Editors:
Chiara Marchelli, Roberto Scarcella Perino.
pages cm
ISBN 978-1-4798-6219-1 (pb : alk. paper)
1. Italian language—Textbooks for foreign speakers.
2. Italian language—Spoken Italian.
3. Italian language—Grammar—Problems, exercises, etc.
I. Carloni, Renata, editor of compilation.
PC1128.P37 2013
458.2'421—dc23
2013027023

New York University Press books are printed on acid-free paper,
and their binding materials are chosen for strength and durability.
We strive to use environmentally responsible suppliers and materials
to the greatest extent possible in publishing our books.

Manufactured in the United States of America

COVER DESIGN
Kathryn Clark

COVER PHOTO
Michele Casagrande

Parole per oggi

Supplementary material by the Department of Italian Studies at New York University (New York and Florence campuses).

Project Director
Nicola Cipani

General Editor
Renata Carloni

Editors in New York
Chiara Marchelli, Roberto Scarcella Perino

Contributors
Unità 0   Silvia Sozzi
Unità 1   Valentina Contini
Unità 2   Marco Del Rocca
Unità 3   Carlo Bagnoli
Unità 4   Massimo Avuri
Unità 5   Mara Simonti
Unità 6   Valentina Contini
Unità 7   Marco Del Rocca (75–80) Mara Simonti (81–86)
Unità 8   Silvia Chegia
Unità 9   Caterina Sani
Unità 10   Silvia Sozzi
Unità 11   Caterina Sani
Unità 12   Marco Del Rocca
Unità 13   Massimo Avuri
Unità 14   Mara Simonti
Unità 15   Roberto Scarcella Perino, Laura Bresciani
Unità 16   Roberto Scarcella Perino, Elena Visconti
Unità 17   Chiara Marchelli
Unità 18   Chiara Marchelli

Illustration
Jordan Worley

Design
Jason Ramirez

Special thanks to Steven Guarnaccia and Ted Byfield of Parsons The New School for Design, New York.

ogas
nte de Madrid

G Fuca aforte
de lucene

UNITÀ ZERO

Presentarsi

IN CLASSE

È il primo giorno di lezione. Gli studenti sono in classe e si presentano.

KLAUS — Mi chiamo Klaus Papadopoulos. Sono tedesco, sono nato a Francoforte, ma il mio cognome è greco perché mio padre è di Atene. Ho 23 anni e studio architettura all'università. Tu come ti chiami?

ANDERS — Mi chiamo Anders Larsen. Sono danese, di Copenhagen. Ho 21 anni e studio economia e commercio. Qui in Italia studio italiano e seguo un corso di fotografia. Abito in via Guelfa con una famiglia italiana.

MONTSERRAT — Io mi chiamo Montserrat Lopez Vargas, ma tutti mi chiamano Montse. Sono spagnola, di Madrid. In Spagna abito con la mia famiglia, ma qui a Firenze divido un appartamento con altre due studentesse. Ho 25 anni e studio medicina. Voglio diventare chirurgo! E Lei, professoressa, come si chiama?

PROFESSORESSA GIOBERTI — Mi chiamo Laura, Laura Gioberti. Sono italiana, naturalmente, di Firenze. Abito a Firenze, in Via Verdi e lavoro come insegnante di italiano.

1. Completa lo schema.

Come ti chiami? Nome e cognome.	Di dove sei?	Che cosa fai? Studi o lavori?
Mi chiamo Montserrat Lopez Vargas	*Sono di Madrid*	Studio medicina.
Mi chiamo Anders Larsen	Sono di Copenhagen.	*Studio economia e commer...*
Mi chiamo Klaus Papapdopoulos.	*Sono di Francoforte*	*Studio architettura*
Mi chiamo Laura Gioberti	*Sono di Firenze*	*lavoro come insegnante di italiano.*

2. E tu? Rispondi alle domande.

Come ti chiami?	*Mi chiamo Maria Wu*
Di che nazionalità sei?	*Sono Cina*
Di dove sei?	*Sono di Shanghai*
Che cosa studi?	*io studio Cinema studies*
Quanti anni hai?	*Ho 18 anni*
Perché studi l'italiano?	*Perché amo il cinema italiano*
Dove abiti?	*Abito a. Weinstein (NY).*

3. Leggi il brano e rispondi alle domande.

Mi chiamo Tim Bleysen, sono olandese e ho 24 anni. Sono uno studente all'università di Amsterdam e studio storia dell'arte.

A Amsterdam abito con la mia famiglia, mio padre, mia madre e mia sorella Astrid. Ho anche un cane che si chiama Billy. Mi piace molto viaggiare e vedere paesi nuovi. Adesso sono qui a Firenze per sei mesi per imparare la lingua. L'italiano è molto importante per i miei studi perché molti artisti sono italiani e molti libri di storia dell'arte sono scritti in italiano. Abito in un piccolo appartamento con un ragazzo americano e studio italiano a scuola. Nel tempo libero visito i musei e le chiese e la sera vado in discoteca o al bar.

Di che nazionalità è Tim?   _____

Quanti anni ha?   _____

Che cosa studia?   _____

Dove abita?   _____

Quanto tempo rimane a Firenze?   _____

Perché Tim studia la lingua italiana?   _____

Che cosa fa nel tempo libero?   _____

4. Collega le domande alle risposte, come nell'esempio.

____ Come ti chiami?   (A) Sì, abito con mio padre e mia madre.

____ Hai fratelli o sorelle?   (B) Sono tedesco.

____ Di dove sei?   (C) Ho 25 anni.

____ Che cosa studi?   (D) Sono di Amburgo.

____ Di che nazionalità sei?   (E) Mi chiamo Markus.

____ Abiti con la tua famiglia?   (F) Sì, ho un fratello più piccolo.

____ Quanti anni hai?   (G) Studio economia e commercio.

5. Completa il testo con i seguenti vocaboli. **Attenzione! Due espressioni non sono necessarie.**

| lavora | piace | studio | sono | studentessa |
| lingua | ha | anni | sei | appartamento |

Ciao! Mi chiamo Hiromi e sono una _____ giapponese. Sono di Tokyo

e _____ all'università. La mia città è molto grande e ci sono molte

cose da fare. Adesso _____ a Firenze per studiare la _____

italiana. Studio anche storia dell'arte e mi _____ molto visitare i

musei. Abito in un _____ con mio fratello Aki. Lui _____

22 anni ed è molto simpatico. Aki _____ in un ristorante fiorentino.

6. **Di che nazionalità sei?** Qui trovi alcuni aggettivi per descrivere la nazionalità; leggili e poi completa le frasi.

olandese   austriaco/a   francese   greco/a   spagnolo/a   americano/a
italiano/a   svizzero/a   tedesco/a   polacco/a   danese

Luigi è di Roma   *è italiano*

Niels è di Copenhagen   è _____

Andreas è di Berlino   è _____

Maria è di Atene   è _____

Peter è di Zurigo   è _____

Thys è di Amsterdam   è _____

Inez è di Madrid   è _____

Paul è di Parigi   è _____

Karol è di Varsavia   è _____

Martina è di Vienna   è _____

John è di New York   è _____

Conosci L'Italia

Nella lingua italiana esistono due forme per rivolgersi alle altre persone, la forma *informale* (TU) e la forma *formale* (LEI).

Generalmente si usa la forma formale (LEI) per le persone che non conosciamo bene e per le persone anziane.

La forma informale (TU) si usa per parlare con gli amici e con le persone più giovani di noi.

7. **Un'intervista.** Intervista almeno 3 compagni di classe e scrivi una breve presentazione. Scrivi nome, nazionalità, città di origine ecc.

	Studente 1	Studente 2	Studente 3
Nome	_____	_____	_____
Cognome	_____	_____	_____
Nazionalità	_____	_____	_____
Città di origine	_____	_____	_____
Età	_____	_____	_____
Che cosa studia	_____	_____	_____
Numero di telefono	_____	_____	_____

8. Completa con le espressioni necessarie.

studente   mi chiamo   studio   con un ragazzo
mi piace   in classe   mi chiamo   cognome
il mio indirizzo

1. _____ viaggiare e conoscere nuove persone.

2. Gli studenti sono_____ .

3. _____ Alfred Andersen e sono danese.

4. Hiroaki è uno _____ giapponese.

5. A Firenze _____ italiano e seguo un corso di fotografia.

6. Ciao, _____ Claire Dubois, sono di Parigi e ho 23 anni.

7. Abito in un piccolo appartamento _____ australiano.

8. _____ preciso è Via Guelfa n. 8.

9. Mi chiamo Stefania Bach: il nome è italiano, ma il _____
   è tedesco.

9. **Indovina chi sono?** Leggi le presentazioni e abbinale alle immagini.

___ Ciao a tutti! Sono toscana…di Pisa. Sono nata nel 1173 ma sono ancora
   decisamente affascinante anche se ho qualche problema di postura.

___ Sono famosa in tutto il mondo. Sono rotonda e colorata come…l'Italia.
   Tutti mi amano e mi salutano con un «Buon Appetito»!

___ Sono…vecchio, ma ancora solido. Abito a Firenze con un amico che si
   chiama Arno.

___ Sono nato in Brasile ma sono famoso in tutto il mondo, molti mi amano
   e io adoro la compagnia del latte e dello zucchero.

___ Sono alto piu' di 4 metri e sto tutto nudo nel centro di Firenze…

10. Leggi il dialogo e completalo con le frasi di Lucia che trovi qui sotto.

—No, non sono di Roma, sono di Firenze.
—Di dove sei?
—Dove abiti qui a Roma?
—Qual è il tuo indirizzo preciso?
—Ecco il mio numero di telefono!
—Altrettanto!
—Come ti chiami?

Lucia e Noam si incontrano in un bar.

LUCIA   Ciao! Buongiorno! Io sono Lucia, Lucia Conti, sono una studentessa universitaria.
        E tu _____ ?

NOAM   Ciao! Piacere di conoscerti! Io mi chiamo Noam e sono inglese, tu invece sei
        italiana, vero? Sei di Roma?

LUCIA   _____ . Ora però abito a Roma perché studio
        all'Università della Sapienza. E tu _____ ?

NOAM   Sono di Londra, ma ora sono qui a Roma per imparare bene l'italiano e studiare
        medicina qui in Italia. Tu che cosa studi?

LUCIA   Anch'io studio medicina! Sono al secondo anno. Senti, _____ ?

NOAM   Abito in Piazza Navona, in un appartamento grande e molto, molto bello.

LUCIA   Davvero? Anch'io abito in Piazza Navona! _____ ?

NOAM   Piazza Navona, numero nove.

LUCIA   Io invece abito al numero cinque.

NOAM   Ah! La casa sopra la gelateria! Beh, allora ci vediamo qualche volta?

LUCIA   Sì, certo, molto volentieri, _____ : 06–22236549, chiamami!

NOAM   Certamente! Ciao! E… buon fine settimana!

LUCIA   _____ ! Ciao, a presto!

11. Metti in ordine il dialogo informale.

___ Grazie! Sì, parlo abbastanza bene italiano perché sono in Italia da tre anni. Scusa, ora ho lezione, ci sentiamo!

_1_ Ciao, mi chiamo Mark e tu?

___ Io ho ventidue anni. Di dove sei?

___ Davvero sei americano? Parli bene l'italiano, molto bene!

___ Sono di Roma ma studio a Venezia e tu?

___ Sì, va bene! Ciao e a presto!

___ Anch'io studio a Venezia ma non sono italiano, sono americano.

___ Mi chiamo Anna e ho venti anni e tu quanti anni hai?

L'italiano di tutti i giorni

Che cosa dicono? Abbina le immagini alle espressioni che seguono.

(1)

(2)

(3)

(4)

(5)

(6)

___ Buongiorno!

___ Ciao, a presto! Ciao, a domani!

___ Salve ragazzi!

___ Buonanotte!

___ Piacere, Riccardo Quercioli.

___ Buonasera!

12. Completa il cruciverba.

Orizzontali ➡

3. «__ ! Ci vediamo domani.»
5. 15
6. «Buon fine settimana!»—«Grazie, __!»
8. «__ __ molto studiare l'italiano qui a Firenze.»
9. «Kelly è cinese. Io __ giapponese.»
10. «John è di Londra. Lui è __ .»

Verticali ⬇

1. Via Nazionale, 32
2. «Quanti anni __ (tu)?»—«20.»
3. «Mi chiamo Marco Rossi. Rossi è il mio __ .»
4. «__ __ __ ?»—«Sono di Hong Kong.»
6. «Susan è di Boston. Lei è __ .»
7. «Franz è di Berlino. Lui è __ .»

UNITÀ UNO

Che cosa fai?

LA SETTIMANA DI FILIPPO

Ciao, mi chiamo Filippo e ho 19 (diciannove) anni.

Ho appena finito il liceo scientifico e adesso frequento il primo anno dell'università.

Studio filosofia all'università di Firenze. Mi piace studiare e seguo molte lezioni.

Il lunedì alle 9 ho lezione di letteratura italiana e nel pomeriggio filosofia antica: sono molto interessanti.

Il martedì mattina non ho niente e così gioco a tennis con il mio amico Fabio o resto a casa a studiare. Mi piace organizzare il mio tempo; quando ero al liceo facevo i compiti tutti i pomeriggi, ora, invece, decido io quando studiare: è molto più divertente! A mezzogiorno vado all'università e mangio alla mensa con i miei compagni di corso. Il pomeriggio ho lezione di antropologia. Non mi piace molto il professore e la lezione è un po' noiosa, ma i miei compagni di classe sono simpatici e spesso studiamo insieme.

Il mercoledì ho storia alle 11 e poi filosofia e storia dell'arte, fino alle 17. È un giorno terribile! Per fortuna il giovedì ho soltanto inglese: parliamo, ascoltiamo cassette e qualche volta incontriamo degli studenti americani per fare conversazione con loro.

Il venerdì, di solito, vado in biblioteca e studio con gli altri studenti.

Il fine settimana sono libero: il sabato sera esco con i miei amici e andiamo al cinema o qualche volta in discoteca.

La domenica dormo fino a tardi e poi rimetto a posto gli appunti.

---

1. Completa la settimana di Filippo come nell'esempio.

lunedì	_____	_____	_____
martedì	_____	_____	_____
mercoledì	_____	_____	_____
giovedì	_____	_____	_____
venerdì	_____	_____	_____
sabato	*esco con gli amici*	_____	_____
domenica	_____	_____	_____

2. Ora completa lo schema con le attività della tua settimana.
    Es.: *Il lunedì mattina studio in biblioteca.*

Quando?	Che cosa fai?	Dove?

3. A questo punto domanda al tuo compagno che cosa fa durante la settimana
    e completa lo schema.

Quando?	Che cosa fai?	Dove?

4. **In classe.** Abbina le immagini ai vocaboli. Scegli dalla lista.

___ studente
___ lavagna
___ zaino
___ penna
___ quaderno
___ libro
___ banco
___ sedia
___ cattedra
___ insegnante
___ computer
___ studentessa

Filippo è alla mensa e incontra Luca, un amico che frequenta il secondo anno
di università.

FILIPPO   Ciao, Luca, come stai?

LUCA   Bene, benissimo! Ho appena dato l'esame di antropologia ed è andato benissimo.
Ho preso 30 e lode.

FILIPPO   30 e lode! Accidenti! Bravo! Chissà che bel libretto che hai! Hai tutti voti così alti?

LUCA   No, proprio tutti no, però ho un bel libretto…Sai, mi serve perché quando finisco
voglio fare un Master con una borsa di studio, per questo devo prendere dei buoni
voti agli esami.

FILIPPO   Ah, sì, ho capito. E come va l'università? Studi molto? Ti piace?

LUCA   Sì, mi piace. Studio un po' a casa, ma soprattutto seguo le lezioni. Impariamo
molto in classe, e così dopo devo solo ripassare un po' gli appunti.

FILIPPO   Ma è difficile?

LUCA   No, difficile no. Alcune materie sono un po' più complicate, altre più noiose…
però mi piace. E tu? Quando hai il tuo primo esame?

FILIPPO   Oh, mamma mia…a giugno ho filosofia antica.

LUCA   Bello. Allora, in bocca al lupo!

FILIPPO   Crepi il lupo! Ciao!

5. Completa il brano con i vocaboli. **Attenzione! Due parole non sono necessarie.**

po'	in	lezioni	classe	esame	borsa di studio
frequenta	appunti	anno	contento	studiare	universitario
primo	amico	noiose			

Luca è uno studente _____ che frequenta il secondo_____

di filosofia. Oggi è molto _____ perché ha appena dato

l'_____ di antropologia e ha preso trenta e lode! A Filippo piace

molto _____ all'università. Durante la settimana segue molte

_____ : alcune sono complicate e altre più _____ ma, in

generale, i corsi sono interessanti. _____ classe gli studenti prendono

_____ e poi studiano un po' a casa. Dopo la laurea, Luca vuole

frequentare un Master con una _____ . Anche Filippo

_____ filosofia ma è al primo anno. È un _____

preoccupato perché a giugno deve dare il suo _____ esame:

filosofia antica.

6. Rileggi il dialogo della pagina precedente e trova nel testo le parole
   corrispondenti alle definizioni che seguono.

   1. Il risultato di un esame
   2. Andare all'università e ascoltare il professore
   3. Il test alla fine del corso
   4. Lo studente li scrive mentre il professore parla
   5. Il quaderno con tutti i voti dello studente
   6. Un aiuto economico per gli studi
   7. Si dice prima degli esami

   1. V __ __ O
   2. S _ _ _ _ _ E U __ A L _ _ _ _ _ _ E
   3. E _ _ _ E
   4. A _ _ _ _ _ _ I
   5. L _ _ _ _ _ _ _ O
   6. B _ _ _ A _ _ S _ _ _ _ O
   7. I __ B _ _ _ _ _ A __ L _ _ O!

Conosci L'Italia

STUDIARE IN ITALIA

In Italia la scuola è organizzata in tre livelli: la scuola dell'infanzia, la scuola primaria e la scuola superiore (o secondaria).

I bambini cominciano ad andare a scuola quando hanno tre anni e frequentano la scuola dell'infanzia fino a sei anni. Dopo la scuola dell'infanzia i bambini frequentano la scuola primaria, o scuola elementare, che comincia a sei anni e finisce a dieci anni. Dopo un piccolo esame comincia la scuola media che finisce quando i bambini hanno quattordici anni: sono tre anni di studio.

La scuola superiore
Gli studenti frequentano la scuola superiore dai quattordici ai diciannove anni. In Italia, ci sono molti tipi di licei (classico, scientifico, linguistico, artistico, musicale, ecc.) e anche alcuni istituti professionali.

Gli studenti vanno a scuola ogni giorno, anche il sabato. Le lezioni cominciano, di solito, alle 8.30 e finiscono alle 13.30. Quando ritornano a casa i ragazzi fanno i compiti e poi fanno sport o imparano a suonare uno strumento musicale.

L'università
Le università italiane sono generalmente pubbliche e non sono molto costose. Ci sono, però, anche alcune università private, come la «Bocconi» di Milano, che sono molto qualificate ma anche molto costose. Gli studenti decidono la facoltà che desiderano frequentare quando hanno diciannove anni e finiscono o dopo 3 anni (laurea breve) o dopo 5/6 anni (Diploma di Laurea). Durante l'università gli studenti studiano e danno esami scritti e orali. Alla fine preparano una tesi. Il voto più alto per un esame è 30 e lode.

Dopo l'università
Dopo l'università è possibile continuare a studiare con un dottorato di ricerca o nelle scuole di specializzazione.

E NEL TUO PAESE?

—Come è organizzata la scuola?
—Nella scuola superiore, quante lezioni frequenti ogni giorno?
—Avete scuola il sabato?

L'italiano di tutti i giorni

Con l'aiuto dell'insegnante scopri il significato delle seguenti espressioni.

___ Fare forca

___ Essere buttato fuori a un esame / Bocciare

___ Passare (un esame)

___ Essere un asino

___ Essere un secchione

(1)

(2)

(3)

(4)

(5)

7. Leggi e poi metti in ordine il dialogo.

___ «D'accordo, vengo a casa tua e ripassiamo insieme! Vengo verso le quattro del pomeriggio, va bene? Ho paura di essere bocciata all'esame di storia, è molto, molto difficile e non voglio prendere un voto basso, nel mio libretto ho molti trenta e trenta e lode!»

___ «Ciao Paolo, buongiorno! Che cosa faccio oggi? Beh…stamattina vado a lezione di economia, ho lezione dalle nove a mezzogiorno e mezzo e poi forse mangio un panino alla mensa, verso le una, una o una e mezzo, e tu?»

___ «Va bene…studiamo storia insieme e ripassiamo gli appunti poi la sera, beh…magari andiamo a un cinema o in discoteca, va bene?"

___ «Anch'io stamani vado all'università: ho molte lezioni e poi il pomeriggio torno a casa per ripassare gli appunti di storia perché ho l'esame fra una settimana. Perché non studiamo insieme? Vieni a casa mia!»

_1_ «Ciao Silvia! Che cosa fai oggi?»

___ «Ma che cosa dici secchiona! Hai un libretto bellissimo e non sei mai stata buttata fuori a un esame! Io invece sono un asino, un vero asino! Non ho frequentato tutte le lezioni di storia, ho fatto molte assenze, sì insomma «molte forche». Ho davvero bisogno di studiare oggi pomeriggio.

___ «Perfetto! A dopo!»

8. Collega le due colonne.

1. Ho lezione di storia __ .   (A) francese e spagnolo

2. Mia sorella __ .   (B) ventuno studenti

3. Gli studi universitari in Italia __ .   (C) sono divisi in tre livelli differenti

4. In classe ci sono __ .   (D) lavora all'università

5. Io e Paola parliamo __ .   (E) perché ha un esame

6. Giorgio studia molto __ .   (F) e io ho diciassette anni

7. Mia sorella ha venticinque anni __ .   (G) il giovedì mattina

9. Completa con le parole opportune. **Attenzione! Due parole non sono necessarie.**

studenti   lezioni   scuola   studia   frequenta   storia dell'arte

Chiara e Matteo sono fratelli e studiano all'università a Firenze. Chiara è iscritta al primo anno di matematica e ha tre _____ al giorno, ma solo la mattina. Il pomeriggio Chiara è libera e spesso _____ in biblioteca o ritorna a casa. Matteo ha ventitré anni e _____ la facoltà di medicina, è al quarto anno e fra due anni si laurea. Il padre di Chiara e Matteo si chiama Michele, ha cinquantasette anni e insegna _____ e pittura al liceo artistico.

10. Leggi il brano che segue.

IL GIORNO PIÙ BELLO

Il mio giorno preferito è il martedì perché vado a lezione di statistica: la lezione non è molto interessante e il professore è un po' noioso, ma nella mia classe c'è lei…Margherita.

Margherita è una ragazza bellissima che frequenta la facoltà di economia come me. È bella, dolce e molto simpatica. In realtà non ho mai parlato con lei perché ci sono sempre le sue amiche e io sono un po' timido, ma vado vicino a lei e parlo con lei. Forse…il prossimo martedì!

Qual è il tuo giorno preferito? Scrivi un breve paragrafo.

_____

_____

_____

_____

_____

_____

11. Riordina le lettere per le espressioni di tempo come nell'esempio.

RASE	*sera*	MENASATTI	_____
ITARMED	_____	NORGIO	_____
DREOMCLEI	_____	TOBASA	_____
TINATMA	_____	REMIPOGGOI	_____
NORGIOEZZOM	_____	ETTON	_____

12. **A scuola.** Leggi i vocaboli che seguono; sono parole relative al mondo della scuola. Se non le conosci cercale sul vocabolario e poi inseriscile nel diagramma.

penna	studente	insegnante	studiare	libro	lavagna	prendere appunti
computer	università	professore	libretto	liceo	zaino	seguire le lezioni
rettore	direttore	voto	cattedra	ascoltare	l'insegnante	scuola superiore
banco	calcolatrice	mensa	leggere	sedia	fare esercizi	

Attività che si svolgono a scuola

Le persone della scuola

Tipi di scuola

Cose utili per gli studenti

Cose che si trovano in classe

Sport e tempo libero

IL TEMPO LIBERO DI GIULIO E MARINA

MARINA   Uffa! Le lezioni di queste settimane sono proprio dure. Ho davvero bisogno di rilassarmi un po'. Tu che fai quando non studi?

GIULIO   Nel tempo libero? Dipende: spesso **suono**.

MARINA   Ah sì? Suoni uno strumento?

GIULIO   Il piano, sì. Suono jazz con alcuni amici e poi, quando ho tempo, vado a **correre** 40 minuti; mi rilassa molto. E tu?

MARINA   Io faccio molto sport. Sono in una squadra di pallavolo di serie C: ho gli allenamenti 3 volte alla settimana e il sabato la partita. Vado anche a nuotare in **piscina** e la domenica, di solito, vado in bicicletta con un gruppo di amici, o al mare…naturalmente nella bella stagione però: d'inverno vado a sciare.

GIULIO   Accidenti! Ecco perché sei così in forma. Ti piace **leggere**?

MARINA   Certo, però non ho molto tempo. Sai, con gli allenamenti e il resto…

GIULIO   Lo credo! Io invece non sono un tipo molto sportivo, a parte il jogging. Mi piace moltissimo leggere. Adoro i classici ed i gialli d'autore. E vado spessissimo al cinema. A te piace il cinema?

MARINA   Molto. Forse una di queste sere possiamo andare a vedere un film insieme e dopo andare a cena fuori…mangiare una pizza magari.

GIULIO   Mmm! Volentieri! Perché non domani sera?

MARINA   Benissimo! Però dopo mi porti a **ballare**, vero?

1. Leggi il dialogo, associa le parole alle immagini e rispondi al vero o falso.

___   Giulio suona il pianoforte.   V   F

___   Marina gioca a calcio 3 volte alla settimana.   V   F

___   Giulio è un maratoneta professionista.   V   F

___   Marina non sa nuotare.   V   F

___   Marina legge molto.   V   F

___   Giulio preferisce la letteratura e i libri polizieschi.   V   F

___   A tutti e due piace il cinema.   V   F

___   A Marina non piace la pizza.   V   F

___   A Marina piace ballare.   V   F

2. Varie attività del tempo libero: collegale ai verbi.

(A) io leggo…
(B) io faccio…
(C) io suono…
(D) io gioco a…
(E) io vado…

a C _ _ _ _ _ _ E

carte

un giro a piedi

spese

la chitarra

libri G _ _ _ _ _ I

a B _ _ _ _ _ _ E

un romanzo d'amore

a C _ _ _ A F _ _ _ _ I

scacchi

una passeggiata

il P _ _ _ N _ forte

giornali e riviste

calcio

P _ _ _ _ _ _ _ _ O

E poi:

visito musei

esco con amici

cucino

ascolto musica

3. Le attività preferite di Giulio e Marina.

A Giulio piace   A Marina piace

_____   _____
_____   _____
_____   _____
_____   _____

ascoltare musica   fare giri in macchina   giocare a calcio   vedere un film
fare passeggiate   correre   suonare la chitarra   andare a ballare
leggere romanzi   giocare a carte   suonare il pianoforte   giocare con la playstation
guardare la televisione andare al cinema   andare in bicicletta
giocare a pallavolo   leggere riviste di sport   dormire tutto il giorno
andare a cena fuori   cucinare   fare spese

4. Collega i verbi con gli oggetti e riscrivi le parole.

___ leggere
___ fare un giro
___ suonare
___ guardare
___ correre
___ nuotare
___ giocare
___ andare
___ fare

① ② ③ ④

⑤ ⑥ ⑦ ⑧

1. AL TARRACHI   5. AL VETILENIOSE

   __ _____   __ _____

2. NI CIBITLECTA   6. A DEIPI

   __ _____   _ _____

3. BIRLI E VISTIRE   7. NAU SAESPIGGATA

   _____ _ _____   ___ _____

4. NI INPIASC   8. A ACCIOL

   __ _____   _ _____

5. **Che cosa fai nel tempo libero?** Pensa ad almeno 8 delle tue attività preferite e scrivile nella colonna adatta.

attività culturali	attività sportive	attività rilassanti
Io…	*Io…*	*Io…*
ballo	corro	guardo la TV
leggo un libero	gioco a calcio	gioco. (games)
scrivo poesia.	scio	giochi

Ora fai un'intervista ad un compagno o una compagna. Che cosa fa nel suo tempo libero? Scrivi le attività nelle colonne appropriate.

attività culturali	attività sportive	attività rilassanti
Lui / lei…	*Lui / lei…*	*Lui / lei…*
balla	corre	guarda la TV
legge un libero	gioca a calcio	gioca. (giochi)
scrive poesia	sci	

Risultato: il tuo compagno è:

☑ un tipo intellettuale

☐ un tipo sportivo

☐ un tipo tranquillo

6. Collega le parole nelle colonne opposte.

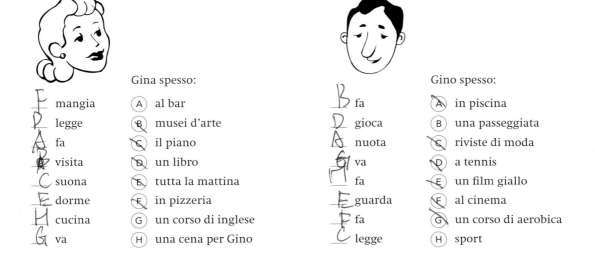

Gina spesso:

F mangia   Ⓐ al bar
D legge   Ⓑ musei d'arte
A fa   Ⓒ il piano
B visita   Ⓓ un libro
C suona   Ⓔ tutta la mattina
E dorme   Ⓕ in pizzeria
H cucina   Ⓖ un corso di inglese
G va   Ⓗ una cena per Gino

Gino spesso:

B fa   Ⓐ in piscina
D gioca   Ⓑ una passeggiata
A nuota   Ⓒ riviste di moda
G va   Ⓓ a tennis
  fa   Ⓔ un film giallo
E guarda   Ⓕ al cinema
F fa   Ⓖ un corso di aerobica
C legge   Ⓗ sport

7. **L'appuntamento di Giulio e Marina.** Decidi tu che cosa fanno e componendo il testo in modo logico.

1. Stasera Giulio e Marina escono. Giulio passa da Marina alle 6 e mezzo e poi, insieme, vanno…

A al bar a prendere un aperitivo. Il bar preferito di Giulio è sul Lungarno: quando è bel tempo, è possibile bere un prosecco con la vista del tramonto sul centro. Spesso viene qui prima di andare a cena fuori.

B a comprare i biglietti per la partita. Stasera la Fiorentina gioca con l'Arsenal in «Champions League» e Giulio vuole avere i biglietti prima di andare allo stadio. Non è come andare in discoteca: i posti sono limitati.

C a prendere i loro amici. Stefano, Gianni e Gloria sono fanatici della discoteca e tutti i sabato sera passano la notte a ballare. «Anche stasera», pensa Giulio, «anche stasera che c'è Fiorentina-Arsenal!»

D a comprare i biglietti al «Box Office». Stasera c'è una commedia di Goldoni a teatro e Marina al «Box Office» ha un'amica che le fa uno sconto del 20%. Stasera mangiano dopo lo spettacolo: forse una pizza.

2. Poi…

A vanno a mangiare qualcosa. Di solito Marina odia i fast food ma oggi non c'è molto tempo. La partita inizia tra un'ora e un panino stavolta va bene.

B vanno al ristorante. Stasera Giulio porta Marina ai «4 amici» per una cena romantica. Pensa di ordinare ostriche e champagne per antipasto.

C i ragazzi vanno a mangiare: prima delle 11 non ha senso andare in discoteca, così c'è tutto il tempo per una pizza ed una birra.

D prendono un taxi. Il teatro è proprio in centro e non c'è mai posto per parcheggiare. Sì, il taxi è caro…ma una volta ogni tanto si può fare.

3. A questo punto… *at this point*

A dal taxi Marina vede Sergio Castellitto che cammina per la strada. È l'attore protagonista della commedia di stasera.

B Giulio e Marina guardano l'orologio e vedono che hanno appena il tempo di prendere l'autobus per lo stadio.

C Giulio dice: «Ragazzi, se stasera è tutto hip-hop, io all'una sono a letto: non lo reggo davvero, l'hip-hop!»

D Marina dice: «Dove mi porti a mangiare?» Stasera ho proprio voglia di qualcosa di «normale», di cucina toscana…

4. Quando… *when*

A arrivano ai loro posti, le squadre sono già in campo. Altri 5 minuti e la partita inizia.

B arrivano da Omero (una delle trattorie tipiche più care di Firenze), Marina ha una fame da lupo. Giulio telefona ai «4 amici» per annullare la prenotazione e ordina crostini toscani e prosciutto, sognando le ostriche!

C escono dalla pizzeria sono già le 10.50. Arrivano alla discoteca, pagano il biglietto di 15 euro (con consumazione inclusa) ed entrano. Alle 11.20 non c'è ancora nessuno, ma Gianni è già ubriaco.

D entrano nel teatro, il pubblico è già tutto a sedere. Le luci si spengono. Comincia lo spettacolo…

5. Alla fine… *at the end*

A quando Giulio e Marina entrano in macchina sono furiosi. «Hip-hop? Magari! Sempre meglio di 3 ore di techno! La prossima volta andiamo a vedere la Fiorentina.»

B dello spettacolo sono soddisfatti tutti e due. Giulio dice che Sergio Castellitto recita benissimo. Marina dice che è «così affascinante!»

C quando Giulio lascia Marina davanti alla porta di casa, lei sorride, dice «una bellissima serata e una cena deliziosa» e gli dà un bacio. Lui non pensa più alle ostriche…

D escono dallo stadio contentissimi: Fiorentina-Arsenal 3 a 1! Giulio non ha più voce e, mentre accompagna Marina a casa, non dice una parola.

8. Leggi le definizioni, scrivi le parole e collegale ai campi di appartenenza.

(A) stadio

(B) teatro

(C) discoteca

(D) ristorante

___ Un uomo che ha bevuto troppo

U _ _ _ _ _ O

___ La Fiorentina e l'Arsenal giocano una

P _ _ _ _ _ A

___ Non voglio andare in macchina. Preferisco

A _ _ _ _ _ E   A   P _ _ _ I

___ Per vedere uno spettacolo, una partita od un
concerto devi comprare un

B _ _ _ _ _ _ _ _ O

___ Se vuoi essere sicuro di avere un posto fai una

P _ _ _ _ _ _ _ _ _ _ E

___ Prima di cena beviamo un

A _ _ _ _ _ _ _ O

___ È verde, grande, rettangolare e necessario per
giocare a calcio o a rugby

C _ _ _ _ O

___ Se mangi solo/a con il/la tuo/a ragazzo/a fai una

C _ _ A   R _ _ _ _ _ _ _ A

___ Non voglio vedere il film in piedi. Voglio un

P _ _ _ O   A   S _ _ _ _ E

___ Non c'è tempo per una cena. Stasera mangio
solo un

P _ _ _ _ O

___ Margherita, marinara, napoletana, ai funghi

P _ _ _ A

___ Marcello Mastroianni in «La dolce vita» è l'attore

P _ _ _ _ _ _ _ _ _ A

___ A John Travolta/Tony Manero il sabato sera piace

A _ _ _ _ E   A   B _ _ _ _ _ E

___ La Fiorentina e l'Arsenal sono due

S _ _ _ _ _ E

___ Monica Bellucci è un'

A _ _ _ _ _ E

___ Gli italiani la bevono con la pizza

B _ _ _ A

___ Molto, molto buono!

D _ _ _ _ _ _ _ _ O

___ Un posto per la macchina

P _ _ _ _ _ _ _ _ O

___ Quello che bevi o mangi in un locale

C _ _ _ _ _ _ _ _ _ _ _ E

___ Sono stanco per andare a piedi, voglio

A _ _ _ _ E   I _   M _ _ _ _ _ _ A

___ Uno Champagne italiano

P _ _ _ _ _ O

___ Un film, una commedia, il circo

S _ _ _ _ _ _ _ O

___ Il lavoro degli attori

R _ _ _ _ _ _ E

___ La gente che paga per ve dere gli spettacoli

P _ _ _ _ _ O

___ Quello di Monica Bellucci: mmmm! Uno della
strega cattiva: iihh!

B _ _ _ O

L'italiano di tutti i giorni

IN DISCOTECA

GIANNI	Salve, mi fai un Mojito, per piacere?
STEFANO	Io invece prendo una media chiara.
GLORIA	Per me un Negroni, grazie.
BARISTA	Bene ragazzi: arrivano subito.
GIANNI	Quant'è?
BARISTA	Tutto insieme 25 euro.
STEFANO	Serata un po' loffia, stasera, no?
GIANNI	Davvero! Questa musica è proprio una noia!
GLORIA	Invece il giovedì qui c'è il «revival»: tutta musica degli anni '70 e '80: uno sballo!
STEFANO	Grande! Allora giovedì sera tutti qui!

---

9. Che cosa fanno?

10. Completa con le parole mancanti e alla fine leggi nella serie verticale un'attività
    salutare e rilassante.

IO E LA MIA RAGAZZA

1. __ — __ __ __ ☐ __ __ __ __
2. ☐ __ __ __ __ __ __ __ __
3. __ ☐ __ __ __ __ __ __ __ __
4. __ __ __ __ __ ☐
5. ☐ __ __ __ __ __
6. __ __ __ __ ☐ __
7. __ ☐ __ __ __ __
8. __ ☐ __ __ __ __
9. __ __ __ __ __ ☐ __ __ __   __ __ M __ __ __ __
10. __ __ __ __ ☐ __ __
11. ☐ __ __ __ __ __
12. __ ☐ __ __ __ __
13. __ __ __ __ __ __ ☐ __ __ __
14. ☐ __ __ __
15. __ ☐ __ __ __ __ __
16. __ __ __ ☐ __ __
17. __ __ __ __ __ ☐ __ __
18. __ __ __ __ __ ☐ __ __

1. Stasera non mangiamo a casa, andiamo __ .
2. Prima di cena, però, a casa beviamo un __
3. poi, per essere sicuri di avere un tavolo, facciamo una __
4. e andiamo al __ .
5. A cena berrò sicuramente molto vino e alla fine sarò __ .
6. Domani invece lei va a nuotare in __
7. ed io a fare una partita di __ .
8. Nel pomeriggio vado ancora con lei a fare __ in centro.
9. A tutti e due piace l'arte e dopo lo shopping andiamo a __ .
10. Poi a casa per un po' di relax. Lei legge una __ di moda
11. ed io ho la musica. Adoro __ il mio piano!
12. La sera, poi, andiamo a vedere un'opera a __ .
13. Se andiamo in macchina: il problema sarà il __ .
14. Quindi, forse è meglio fare un __ a piedi.
15. E sabato ancora sport! Amiamo __ a tennis insieme!
16. Domenica invece andiamo in montagna a __ .
17. Siamo attivi, eh?! Quando restiamo a casa, però, ci piace __ musica
18. o anche __ un film alla televisione __ .

Conosci L'Italia

IL CALCIO

Il calcio è sicuramente lo sport più popolare in Italia. Moltissimi italiani giocano a calcio, vanno allo stadio o guardano semplicemente le partite in TV.

Il giro d'affari è molto grande e ci sono moltissimi interessi economici intorno al calcio.

Nella serie A, il campionato italiano, giocano le squadre di quasi tutte le città principali. Le squadre più forti sono la Juventus, di Torino, e il Milan e l'Inter, di Milano. Sono le più forti perché sono le più ricche e potenti: quindi le più antipatiche. Da sole queste tre squadre si dividono in Italia la grande maggioranza dei tifosi, le persone che vanno allo stadio e sostengono la propria squadra. Tra i tifosi ci sono molte rivalità, alcune molto forti. Poi, normalmente, gli italiani si ritrovano uniti (uno dei pochi casi) quando giocano gli azzurri, i giocatori della squadra nazionale.

La città, la casa

LA CITTÀ ITALIANA

Molte città italiane hanno una struttura simile. Di solito c'è un *centro storico*, cioè il nucleo più antico della città, dove ci sono i palazzi più vecchi, le **chiese**, i **musei**, le **piazze** e le **strade** più famose, e spesso **ponti** e **fontane**. In centro ci sono anche molti **ristoranti** e, di solito, anche la **stazione ferroviaria**.

Intorno al centro storico c'è una *zona più moderna*, dove ci sono **ospedali**, **supermercati**, **parchi**, lo **stadio** e impianti sportivi come **palestre** o **piscine**. In questa zona più moderna ci sono anche molti **quartieri residenziali**. In ciascuna di queste zone si possono trovare **teatri**, **cinema**, **trattorie**, **banche**, **negozi**, cioè tutto quello che è necessario per avere una vita comoda e interessante.

Di solito oltre la zona moderna c'è una *zona periferica*, dove troviamo molte **fabbriche**, nuove **abitazioni**, **centri commerciali** e grandi **discoteche**. Lontano dal centro c'è anche **l'aeroporto**.

Uno dei problemi più gravi delle città italiane è quello del traffico. Ci sono infatti troppe automobili e le strade non sono adatte: sono troppo piccole e troppo poche. Lo sviluppo urbano non ha seguito le necessità di movimento dei cittadini.

1. Rispondi alle domande.

Quante zone ci sono nelle città italiane?

_____

_____

Cosa c'è nel centro storico?

_____

_____

Cosa c'è nella zona più moderna?

_____

_____

Cosa c'è nella zona periferica?

_____

_____

_____

2. Unisci la parola all'immagine.

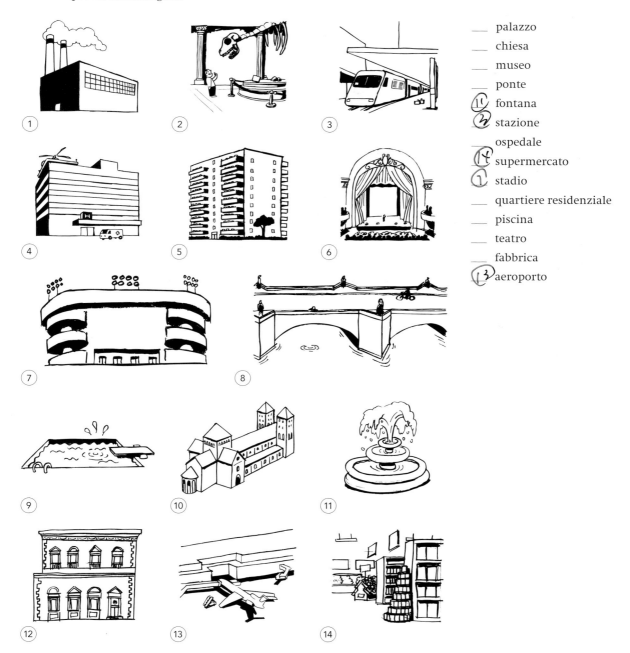

___ palazzo
___ chiesa
___ museo
___ ponte
10 fontana
2 stazione
___ ospedale
14 supermercato
7 stadio
___ quartiere residenziale
___ piscina
___ teatro
___ fabbrica
13 aeroporto

3. **Ricostruisci una città italiana.** Scrivi i nomi delle tre zone e inserisci in ciascuna i luoghi della città che ricordi.

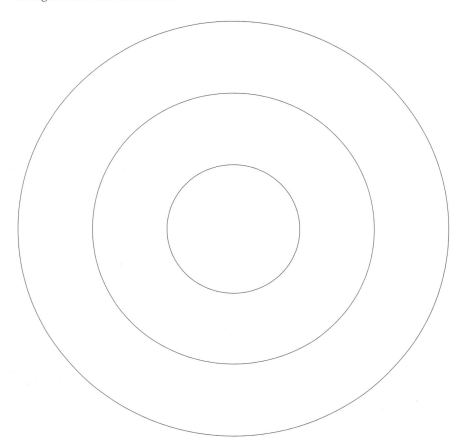

4. **Che cosa fai?** Unisci il luogo all'azione.

___ a teatro	(A)	prendo l'aereo
___ in piscina	(B)	faccio la spesa
___ al supermercato	(C)	faccio il tifo
___ alla stazione	(D)	vado a trovare un amico malato
___ all'ospedale	(E)	guardo le opere d'arte
___ al museo	(F)	nuoto ogni giorno
___ in discoteca	(G)	guardo una commedia
___ allo stadio	(H)	compro il biglietto del treno
___ all'aeroporto	(I)	ballo con gli amici

5. Dove passano il tempo?

Francesco Totti (calciatore)

Andrea Bocelli (cantante)

Roberto Benigni (attore)

La famiglia Agnelli (industriali)

Gianfranco Vissani (cuoco)

Luciano Benetton (produttore abbigliamento)

Massimiliano Rosolino (nuotatore)

VENT'ANNI DOPO

Dopo molti anni Franco incontra Gino, suo vecchio compagno all'università.

FRANCO	Ciao Gino. Mi riconosci? Sono Franco. Come stai?
GINO	Bene grazie, e tu? È davvero tanto tempo che non ti vedo. Sei sempre lo stesso.
FRANCO	Anche tu sei in gran forma!
GINO	Abiti sempre a Roma?
FRANCO	No, adesso vivo in un piccolo paese fuori città con mia moglie e mia figlia. E tu?
GINO	Io vivo sempre a Firenze. Ma com'è la vita nel tuo piccolo paese?
FRANCO	Beh…semplice e rilassante. Abbiamo tutto ciò che è necessario. L'**ufficio postale**, il **parco**, la **banca**, la **biblioteca**. Ci sono anche diversi negozi interessanti: c'è una **farmacia** aperta ventiquattro ore su ventiquattro.
GINO	Forse è un po' noioso?
FRANCO	Mah, sì forse un po'. Però ci sono dei vantaggi. Non c'è traffico. Le **strade** non sono caotiche. Gli automobilisti sono più calmi che in città. Si fermano alle **strisce**, rispettano **rotonde** e **semafori** poi è facile trovare un **parcheggio**. Nessuno mette la macchina sul **marciapiede** come invece succede in città.
GINO	E la domenica cosa fai?
FRANCO	La domenica è un giorno speciale. Molti abitanti del paese vanno in **chiesa**, poi si fermano a parlare in **piazza**, vicino al **monumento** a Garibaldi. Con la mia famiglia vado a mangiare in **pizzeria**. Nel pomeriggio andiamo anche spesso al cinema. È una vita naturale che mi piace molto.

6. Unisci la parola all'immagine.

___ pizzeria
___ cinema
___ rotonda
___ ufficio postale
___ marciapiede
___ banca
___ strisce
___ biblioteca
___ parco
___ semaforo
___ farmacia
___ strada
___ parcheggio
___ palestra
___ piazza
___ monumento

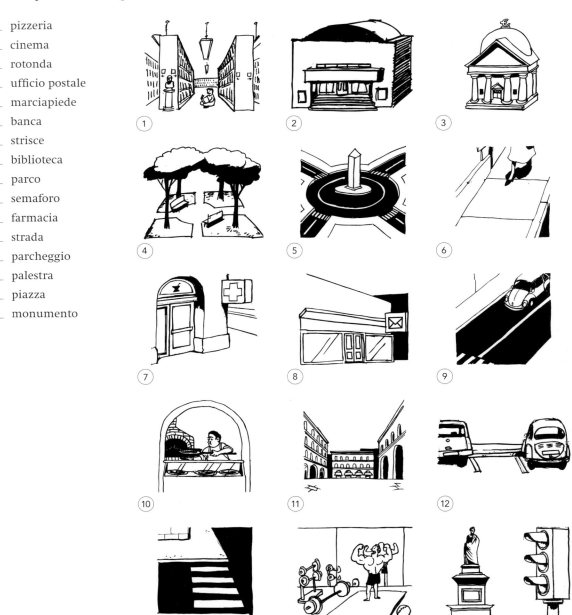

7. Vero o falso?

1. In farmacia compro le medicine.	V	F
2. Al parcheggio prendo l'autobus.	V	F
3. Sotto il ponte passa il fiume.	V	F
4. I palazzi sono piccoli.	V	F
5. Dalle fontane esce la birra.	V	F
6. In fabbrica lavorano gli operai.	V	F
7. Nei quartieri residenziali vivono molte persone.	V	F
8. Al ristorante compro i francobolli.	V	F
9. In strada gioco a calcio.	V	F
10. In banca prendo i soldi.	V	F

8. Ora riscrivi in forma corretta le cinque frasi false.

○ _____
○ _____
○ _____
○ _____
○ _____

9. **Scriviamo!** Completa le seguenti frasi.

Es.: Il ponte *è antico*.
      La sera sul ponte *guardo il fiume*.

1. La pizzeria _____.
   In pizzeria è divertente _____.

2. L'ufficio postale _____.
   All'ufficio postale _____.

3. La piazza _____.
   La notte in piazza ci sono _____.

4. Il cinema _____.
   Al cinema è bello _____.

5. I monumenti _____.
   Davanti ai monumenti _____.

10. Completa il cruciverba.

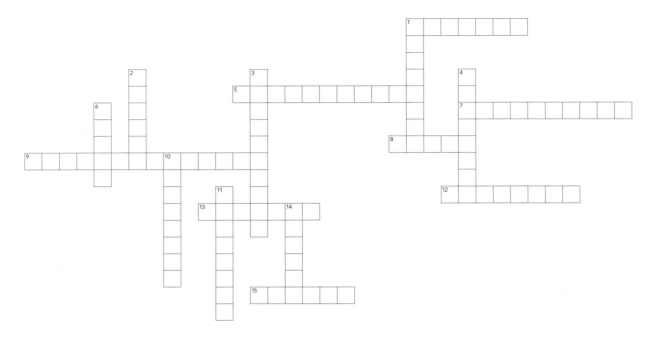

Orizzontali ➡

1. La Baronessa vive in un __ in centro.
5. È prudente camminare sempre sul __
7. In quel __ la bistecca è molto buona.
8. Domani devo prendere un po' di soldi in __
9. Spedisco il pacco all' __
12. Mio padre è operaio. Lavora in __
13. Attraverso la strada sulle __
15. Ci vediamo domani in __ della Signoria

Verticali ⬇

1. Stasera tutti in __!
2. La squadra di calcio gioca allo __
3. Metto la macchina al __
4. Quella __ è aperta 24 ore su 24.
6. La mamma porta i bambini a giocare nel __
10. Chi sta male va all' __
11. Prendo il treno alla __
14. Ho deciso: mi sposo in __

L'italiano di tutti i giorni

COME HA DETTO, SCUSI?

Cerca il significato delle espressioni con l'aiuto del dizionario illustrato.

___ Fare il ponte	1. Essere senza casa
___ Essere un tipo casa e chiesa	2. Parlare molto bene di qualcuno
___ Piangere come una fontana	3. Grande confusione
___ Essere in mezzo a una strada	4. Piangere moltissimo
___ Essere un topo di biblioteca	5. Essere una persona molto seria
___ Fare il monumento a qualcuno	6. Fare un lungo fine settimana
___ Atmosfera da stadio	7. Studiare moltissimo

11. Completa il brano con le parole corrette. **Attenzione, due espressioni non sono necessarie.**

piazza	palazzi	centro	parco	negozi	monumento
chiesa	piscina	fermata	fabbrica	strada	ufficio postale
ponte					

Francesca lavora in un ufficio del _____ . Tutte le mattine va alla _____ dell'autobus alle 8.30. Si siede vicino al finestrino e guarda fuori. Passa davanti a un grande _____ con alberi bellissimi, poi davanti al _____ di un re in mezzo a una grande _____ . Quando arriva in centro scende dall'autobus e cammina verso l'ufficio. Intorno a lei ci sono _____ molto antichi. Attraversa il _____ sul fiume, e poi incontra una famosa _____ dove molte persone vanno a pregare. Alla fine prende la _____ del suo ufficio, piena di _____ molto eleganti. Quando finisce il lavoro spesso si ferma all'_____ lì vicino per pagare le bollette o comprare i francobolli.

12. **Intervista uno dei tuoi compagni.** Usa le domande del modello e scrivi tre domande nuove.

1. Dove abiti?   _____
2. Dov'è la tua città?   _____
3. Quanti abitanti ci sono?   _____
4. Cosa preferisci della tua città? _____
5. Qual è il luogo più bello?   _____
6. _____ ? _____
7. _____ ? _____
8. _____ ? _____

IN CERCA DI SANTO SPIRITO

Un giovane straniero chiede informazioni a una signora italiana in Piazza della Repubblica.

GIOVANE   Buongiorno signora, mi scusi. Mi chiamo Kevin e sono americano. Cerco Piazza Santo Spirito. Dov'è?

SIGNORA   Caro ragazzo, non è lontana. Devi passare sotto l'**arco** [__] e continuare *diritto fino al* **semaforo** [__] dell'**incrocio** [__] con Via Tornabuoni. Qui devi *girare a sinistra*, superare la **piazza** [__] con l'**obelisco** [__] e, sulle strisce attraversare il **ponte** [__]. Una volta dall'altra parte dell' Arno devi *girare alla seconda a destra*, in una **strada** [__] stretta che si chiama Via Santo Spirito. Subito dopo *gira alla prima a sinistra e continua diritto lungo* la **chiesa** [__]. *In fondo* trovi Piazza Santo Spirito. Hai capito?

GIOVANE   Credo di sì. Mille grazie signora.

13. Inserisci nel dialogo i numeri corrispondenti ai luoghi.

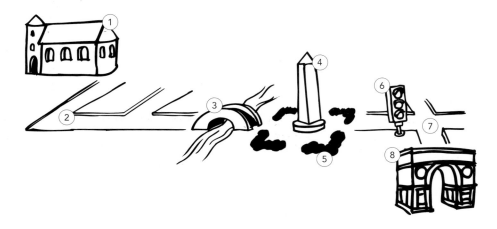

L'italiano di tutti i giorni

1. diritto;
   andare diritto
2. a destra;
   girare a destra
3. a sinistra;
   girare a sinistra
4. di fianco;
   vicino a
5. di fronte
6. dietro
7. attraverso
8. la terza,
   la seconda,
   la prima

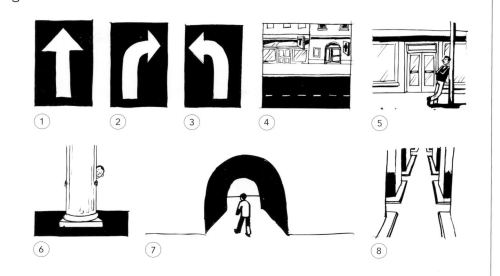

14. Scusi, può dirmi dov'è…? Usando le parole imparate, dai al tuo compagno le corrette indicazioni stradali.

Es.: Scusi, sa dirmi dov'è il teatro?
       È in via Machiavelli, davanti alla piscina.

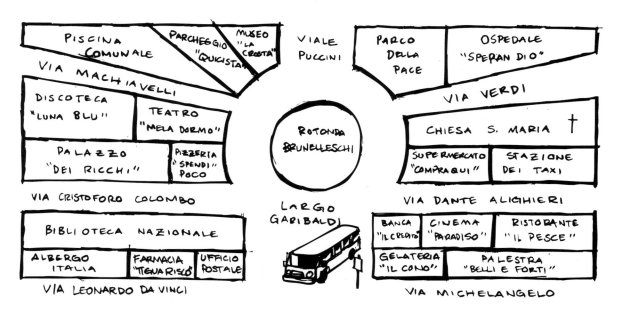

LA CASA ITALIANA

15. Unisci la parola all'immagine.

____ il tetto
____ il giardino
____ il garage
____ la terrazza
____ piano terra
____ il cancello
____ la finestra
____ la porta
____ secondo piano

16. Unisci la parola all'immagine.

____ il bagno
____ la cucina
____ il corridoio
____ l'ingresso
____ il soggiorno
____ il ripostiglio
____ le scale
____ lo studio
____ l' ascensore
____ la sala da pranzo
____ la camera da letto

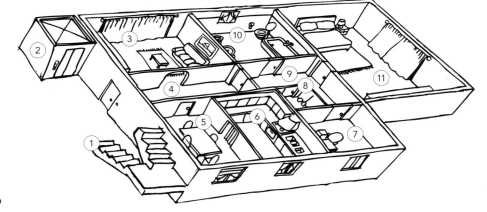

LA FELICITÀ È AVERE UNA CASA

Due studenti italiani si incontrano vicino all'università.

MARCELLO	Ciao Francesco, come stai?
FRANCESCO	Bene, grazie. Stamattina però ho moltissime cose da fare.
MARCELLO	E perché?
FRANCESCO	Ho trovato un **appartamento in affitto**, ma è vuoto. Devo comprare tutti i mobili.
MARCELLO	E dov'è?
FRANCESCO	In Via Gordigiani numero 10, al **secondo piano** di un palazzo di nuova costruzione.
MARCELLO	Paghi molto?
FRANCESCO	No, il prezzo è buono. Costa 950 euro al mese, anche se ci sono da pagare le **utenze**.
MARCELLO	E cioè?
FRANCESCO	Cioè **acqua**, **luce** e **gas**.
MARCELLO	Beh, in effetti non è male...ma quante **stanze** ci sono?
FRANCESCO	Oh, è molto grande... ci sono cinque stanze, due **bagni**, un **ripostiglio**, due **ingressi** e due **terrazze**. Il problema è come usare le diverse stanze.
MARCELLO	In quanti siete a vivere nel nuovo appartamento?
FRANCESCO	In due. Io e il mio amico Simone.
MARCELLO	Beh, allora avete di certo bisogno di due **camere**, un **salotto**, una **cucina**. L'ultima stanza potete usarla come volete; come **studio** o come **camera per gli ospiti**.
FRANCESCO	Grazie per il consiglio. Solo che prima dobbiamo trovare i soldi per comprare i mobili. Dobbiamo anche pagare per la manutenzione del **giardino** e del **tetto**!
MARCELLO	Non ti preoccupare. In **garage** a casa dei miei genitori ho tanti mobili del vecchio appartamento di mia sorella e mio padre vuole liberarsene. Puoi venire a vedere e prendere quello che vuoi.
FRANCESCO	Fantastico e quando possiamo andare?
MARCELLO	Anche subito se vuoi.
FRANCESCO	Allora andiamo e grazie, sei un vero amico!

17. Ecco le cose nel garage di Marcello.

___ scrivania
___ armadio
___ lampadine
___ tavolo
___ doccia
___ comodino
___ libreria
___ divano
___ frigorifero
___ lampada
___ letto
___ cucina a gas
___ lavandino
___ mensole
___ quadro
___ pianta
___ servizio (water)
___ poltrona
___ sedie
___ tavolino

18. **Ed ecco l'appartamento di Francesco.** Scegli come usare le stanze e poi in
    ognuna i mobili corrispondenti.

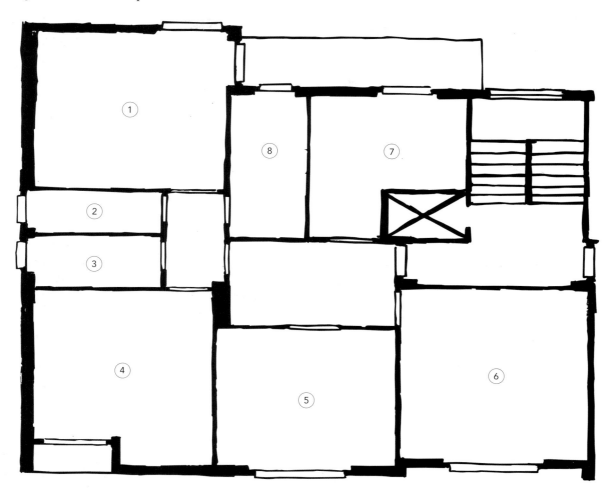

	Uso	Mobili
Stanza 1	_____	_____
Stanza 2	_____	_____
Stanza 3	_____	_____
Stanza 4	_____	_____
Stanza 5	_____	_____
Stanza 6	_____	_____
Stanza 7	_____	_____
Stanza 8	_____	_____

19. Inserisci l'oggetto nella stanza corrispondente.

lampadario

tappeto

armadio

pattumiera

cassettone

specchio

cuscino

vasca

attaccapanni

mensola

libreria

tenda

soprammobile

vaso

camino

forno

coperta

bilancia

Camera

_____

_____

_____

_____

_____

_____

Cucina

_____

_____

_____

_____

_____

Soggiorno

_____

_____

_____

_____

_____

Bagno

_____

_____

_____

_____

_____

COME VIVONO GLI ITALIANI

La casa in Italia è molto importante. Infatti la casa è il luogo d'incontro della famiglia, un valore tradizionale della cultura italiana.

Uno dei luoghi della casa dove la famiglia si riunisce è la cucina. Il pranzo, ma soprattutto la cena sono i momenti in cui tutti sono insieme a casa e parlano di quello che è successo durante il giorno. Per questo di solito negli appartamenti degli italiani c'è una cucina abitabile, dove cioè si può anche mangiare.

Negli ultimi anni anche il salotto è diventato un luogo molto importante ma solo perché qui c'è la televisione, il magico schermo che unisce la famiglia, ma che, qualche volta, crea discussioni perché ognuno vuole vedere un programma diverso.

La camera è usata ovviamente per la notte, ma quando il lavoro lo permette anche durante il giorno, per riposare un po' dopo pranzo, abitudine che è chiamata *schiacciare un pisolino*.

20. Completa il brano con le parole corrette. **Attenzione, due espressioni non sono necessarie!**

poltrona	piano	ingresso	armadio	studio	attaccapanni
tavolino	doccia	salotto	cucina	letto	appartamento
forno	frigorifero				

Maria è un'impiegata Sono le otto di una fredda serata d'inverno. Arriva al suo

_____ , al quinto _____ di un bel palazzo, appena

fuori dal centro. Accende la luce nell' _____ , si toglie il cappotto e

lo mette sull'_____ . È stanca. Si butta sul _____ Chiude

un momento gli occhi e pensa alla giornata appena trascorsa. Dopo dieci minuti

si alza, si toglie il vestito, lo mette nell'_____ . Va in _____

e accende il _____ ; apre il _____ e prende la pizza che ha

preparato prima di uscire. Quando il forno è caldo, Maria mette dentro la pizza

e carica la sveglia. Quindi prende un bicchiere dalla credenza e si versa un po' di

vino rosso. Poi va in _____ e accende la televisione. Si siede in

_____ e mette i piedi sul _____ . Dopo un po' la sveglia

suona, la pizza è pronta.

21. **Scriviamo!** Completa le seguenti frasi.

Es.: La vasca *è nel bagno*.

1. La lampadina _____.
2. La lampada _____.
3. Il divano _____.
4. La scrivania _____.
5. Il lavandino _____.

Descrizione fisica e carattere

IL CORPO UMANO

la testa

il collo
la spalla
il braccio

il petto
il dito
la mano
il gomito

la pancia

il fianco

la coscia

la gamba

il ginocchio

la caviglia

il piede

i capelli
la fronte
il sopracciglio

l'occhio
il naso
la guancia
le labbra
il mento

l'orecchio
i baffi
la bocca
la barba

1. Abbina i verbi alle parti del corpo opportune. **Attenzione! Alcuni nomi sono riferibili a più verbi.**

(A) camminare *walk*
(B) prendere *take*
(C) parlare *speak*
(D) correre *run*
(E) toccare *touch*
(F) guardare *look*
(G) bere *drink*
(H) mangiare

___ le labbra
___ il naso *noise*
___ gli occhi
___ i piedi
___ le mani
___ la bocca
___ le gambe
___ le orecchie
___ le cosce *thy*
___ la lingua *tough*
___ le ginocchia *knees*
___ i denti *teeth*
___ le caviglie *ankle*

2. Completa il cruciverba.

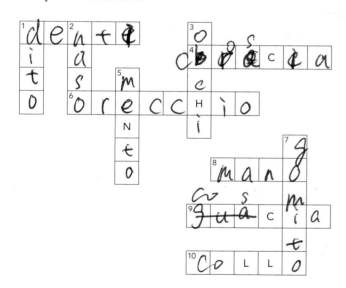

Orizzontali ➡

1. Con il dentifricio e lo spazzolino mi lavo i __
4. È la parte più grossa della gamba.
6. I rumori troppo forti fanno male alle __
8. Ha cinque dita.
9. Chi mangia troppo, ce l'ha grossa __
10. Sta sotto la testa.

Verticali ⬇

1. Per indicare un oggetto uso il __
2. I bambini si mettono spesso le dita nel __
3. Possono essere blu, verdi, marroni ecc.
5. Sotto la bocca c'è il __
7. Sta a metà del braccio.

3. Leggi le descrizioni e scegli gli aggettivi appropriati alle figure.

Mi chiamo Mario. Ho 50 anni, faccio il postino e sono un tipo sportivo. Ho **capelli** [corti/lunghi/bianchi/neri], **fronte** [stretta/spaziosa], **naso** [corto/lungo/piccolo/grosso], **bocca** [piccola/larga]. Ho un'**aria** [tranquilla/nervosa/rilassata/triste]. Sono dinamico e ho un grande fascino…

Io mi chiamo Roberta e sono sulla quarantina. Sono sposata e ho due figli grandi. Faccio le pulizie in un albergo. Sono [bionda/mora], ho **capelli** [corti/lunghi], **occhi** [chiari/scuri], **naso** [piccolo/grosso]. Non sono la fine del mondo, ma ho il mio fascino e tutti apprezzano il mio umorismo.

Io sono Guido, ho 48 anni. Insegno greco in un liceo classico. Ho **capelli** [grigi/neri]. Porto gli occhiali perché non ci vedo bene. Ho il **naso** [corto/lungo/diritto/curvo]. Ho la **barba** e i **baffi**. Dal 1999 sono separato da mia moglie. Adesso sono un single libero e indipendente. Sono contento così.

4. Completa il brano seguente.

Ciao, io sono Federica. Ho diciassette anni e vado a scuola. Non ho un fidanzato, anche se mi piace da morire un ragazzo in classe mia. Lui è molto **gentile** e **spiritoso**. È **altissimo** (gioca a pallacanestro!), **magro**, ma robusto. Io, invece, sono

breve e stupio, mi piace lo sport ma piace leggo molti libri ... e bella.

Ho *capelli bionda, occhi chiari, naso diritto bocca larga.*

Qualche volta usciamo insieme per mangiare il gelato. Prima o poi sono sicura che Marco – quello in classe mia – si mette con me.

5. Descrivi Irene e i suoi figli.

Mi chiamo Irene, ho 43 anni e sono una mamma. Purtroppo sono divorziata: mio marito è andato via qualche anno fa. Ha perso la testa per una ragazza **giovane**, **bella** e **attraente**. Questi sono i miei figli: Costanza, di 14 anni; Matteo, di 9; Ivan, di 4.

Irene è

_____

_____

Costanza è

_____

_____

_____

Matteo è

_____

_____

_____

Ivan è

_____

_____

L'italiano di tutti i giorni

«COME HA DETTO, SCUSI?»

«A viso aperto» — «Secco come un chiodo» —
«Fuori dai piedi!» Ecc.: ma che vuol dire?

L'italiano, come molte altre lingue, è ricco di «modi di dire». Che cos'è un «modo di dire»? È una espressione idiomatica. E una «espressione idiomatica», che cos'è? È un'espressione figurata, tipica di una determinata lingua.

In italiano molti modi di dire sono in relazione con le parti del **corpo umano**: capelli, testa, orecchio, mano, piede ecc. Qualche esempio? *Occhio!* significa «attenzione!»; *avere naso* significa «avere intuito»; *rischiare la pelle* significa «correre un grosso pericolo»; ecc.

E in inglese? Queste espressioni italiane esistono anche in inglese? Dipende. Ad es., *dare una mano* significa «aiutare una persona», ha senso anche in inglese: «to give a hand»; *avere orecchio (per la musica)* significa «to have an ear (for music)» ecc. Ma: *mettere una persona sotto i piedi?* No. In questo caso non c'è corrispondenza tra le due lingue: in inglese infatti si dice «to push around; to despise» e simili.

Per concludere, bisogna essere prudenti con le espressioni idiomatiche perché non sempre la traduzione letterale da una lingua all'altra è possibile.

6. Con l'aiuto dell'insegnante, scopri il significato delle espressioni nella colonna di destra.

Alcuni modi di dire molto comuni: *—Avere la testa fra le nuvole*
                                                —Costare un occhio della testa
                                                —Stare a pancia all'aria

7. **Prova a immaginare che cosa significano i seguenti modi di dire.** Fai pure più di un tentativo, se necessario:

Dalla testa ai piedi. [Es.: «*Come piove! Non ho preso l'ombrello e sono bagnato dalla testa ai piedi.*»]

_____

_____

_____

_____

Acqua in bocca! [Es.: «*Ragazzi, questo è un segreto. Acqua in bocca!*»]

_____

_____

_____

_____

Alzare il gomito. [Es.: «*Esci con gli amici? Sì? Beh, allora non alzare il gomito, ok?*»]

_____

_____

_____

_____

Occhio! [Es.: «*In città, occhio alle macchine, ragazzi, eh!*»]

_____

_____

_____

_____

Essere in gamba. [Es.: «*Il nonno di Gianni ha 90 anni, ma è ancora in gamba: fa la spesa da solo, cucina, guida la macchina…*»]

_____

_____

_____

_____

Conosci L'Italia

MA GLI ITALIANI, COME SONO?

Bassi? Alti? Biondi? Castani? Mori?

In Italia, paese del sole, del mare, dell'arte, della cucina ecc., tutti vengono volentieri. Questa tendenza non è un fatto nuovo, ma ha una lunga storia alle spalle... Un esempio famoso? Enea, l'antenato di Romolo e Remo (i fondatori di Roma), abbandona Troia in fiamme per rifugiarsi nella Penisola.

Nell'antichità molti popoli hanno abitato l'Italia: gli etruschi, i greci, i romani, i celti... Poi, con la fine dell'Impero Romano d'Occidente (V secolo dopo Cristo), arrivano i longobardi, gli arabi, i normanni. E, in tempi più recenti, gli spagnoli, i francesi ecc.

Nella provincia di Bolzano, in Trentino-Alto Adige, la gente parla il tedesco. Là molti sono alti, biondi, con occhi celesti e carnagione chiara, come in Austria o in Svizzera. In Sicilia, invece, dove hanno abitato i greci e gli arabi, spesso la gente è bassa, ha i capelli neri, gli occhi marroni, la pelle scura. Naturalmente non tutti sono così: se a Palermo vedete un uomo alto, biondo, con gli occhi celesti e la pelle chiara, beh, chissà, quello può essere un discendente dei normanni che hanno conquistato la Sicilia nel 1061 dopo Cristo...

Alla domanda: «Ma gli italiani, come sono?», non è difficile rispondere: «Di molti tipi...». Negli ultimi anni poi sono arrivati in Italia molti immigrati extracomunitari: albanesi, romeni, marocchini, senegalesi, russi, cinesi... Per strada è possibile incontrare orientali, arabi, africani, ecc. Per quanto riguarda il futuro, dunque, possiamo fare previsioni? Beh, forse la cosa più saggia è aspettare ancora qualche anno...

8. Descrivi un italiano o un'italiana che conosci.

_____

_____

_____

_____

_____

_____

_____

_____

UNA FESTA IN CAMPAGNA

Quattro amici vogliono dare una festa in campagna nel fine settimana. Insieme
decidono come organizzare la serata e, soprattutto, chi invitare e chi no.

GIANNI	[…] Sì, sono d'accordo: la casa di campagna di Paolo è il posto ideale per invitare molta gente, ballare e ascoltare la musica fino a tardi, senza disturbare i vicini.
MARINA	Sì, la tua casa, Paolo, è perfetta: grande e vicina alla città… È deciso: facciamo la festa a casa tua.
PAOLO	Beh, ragazzi, per me va bene. I miei genitori vanno al lago Trasimeno il prossimo fine settimana, e la casa di campagna è libera. Però il giorno dopo restate con me per pulire tutto e mettere in ordine, chiaro?
LAURA, GIANNI, MARINA	Chiarissimooooo!
PAOLO	Sì, adesso dite così, poi invece, dopo la festa…
GIANNI	Bene. Adesso scegliamo un po' chi invitare… Vediamo… Io, per me, ho intenzione di chiamare molte studentesse della mia università… Ad esempio, Lorenza, Martina, Luciana, Camilla… E naturalmente Mila, Maria, Sandrina, Antonella, Anna e…
LAURA	Perché non inviti tutte le ragazze della Facoltà di Lettere e Filosofia? È più semplice…
GIANNI	Come sei **simpatica**…
PAOLO	A me Mila non piace. Per quanto riguarda le altre ragazze, non c'è problema, ma Mila è **antipatica**… E anche **bruttina**…
GIANNI	Caro Paolo, abbiamo parlato mille volte di questa cosa… Per favore, non ricominciamo. Per me Mila è una ragazza **intelligente, originale** ed **elegante**. È vero, non è **bellissima**, ma la bellezza è forse la cosa più importante in una persona? Tu, ad esempio, sei un mostro, come dicono tutte le ragazze **carine** di Firenze, però sei ugualmente un mio carissimo amico…
LAURA	Per favore, ragazzi, basta così! Non litigate, altrimenti domattina siamo ancora qui a scegliere gli amici per la festa…
PAOLO	Hai ragione. Io vorrei chiamare i ragazzi di Pisa che ho incontrato all'Isola d'Elba l'estate scorsa: Giuseppe, Gianluigi, Arturo, Luca, Andrea e Sebastiano. Sono veramente **in gamba**. Insieme abbiamo fatto grandi cose…
MARINA	Beh, per me va bene tutto, la casa è tua, ma Arturo non è **gentile**: è **maleducato** e **arrogante**. No, non mi piace, è decisamente antipatico.
PAOLO	Non è vero… Tu non conosci bene Arturo. È un ragazzo molto **sensibile**, forse un po' troppo **timido**. Certe volte è **scontroso**, ma non è **cattivo**… Il più delle volte è soltanto **impacciato**!
MARINA	Come preferisci, ma io resto della mia opinione. Arturo non mi piace, però il padrone di casa sei tu e fai come vuoi… Io, quanto a me, vorrei chiamare qualche amico e qualche amica che conosco da poco tempo. Insomma, persone che non frequento abitualmente, così la festa è più saporita…

LAURA	Sono d'accordo, Marina. Ad esempio, possiamo invitare il ragazzo più **bello**, più **simpatico**, più **affascinante** di tutta la Facoltà di Economia e Commercio: Roberto Corsini!
MARINA	Sei grande, Laura! **Che fisico** ha quello! Fa nuoto e palestra, equitazione e lotta greco-romana, pallacanestro e free climbing, barca a vela e pallavolo, canoa e paracadutismo… Ed è anche ricco! Che dico: è ricchissimo! Abita in una villa!… Hm, un fidanzato **ideale**! Al confronto, Paolo e Gianni sembrano due ragazzini della scuola media, non è vero?
LAURA	Altroché.
PAOLO	Sentite, noi forse non siamo **belli**, **sportivi**, **atletici**, **robusti** e ricchi come il vostro Roberto Corsini…
GIANNI	…però siamo molto **intelligenti** e, sicuramente, più **interessanti** di quel troglodita che praticamente pensa solo ai muscoli e allo sport…
PAOLO	…per conquistare le ragazze **superficiali** come voi…
MARINA	Hm, da qualche giorno le mie orecchie non funzionano bene…
LAURA	Anch'io ho lo stesso problema: Marina, domani andiamo insieme dal dottore, ok? Adesso continuiamo pacificamente la nostra selezione. Roberto Corsini, comunque, è veramente **un bel tipo**… Equitazione… Free climbing… Pallavolo… Nuoto… Paracadutismo… Hm, che atleta! Fra qualche anno è sicuramente alle Olimpiadi…
PAOLO	Sì, sì… Bene, amici. Adesso basta, altrimenti siamo in troppi. Le feste con molta gente non mi piacciono. Allora, Gianni invita Lorenza, Martina, Luciana, Camilla, Mila, Maria, Sandrina, Antonella e Anna. Io chiamo i miei amici pisani: Giuseppe, Gianluigi, Arturo, Luca, Andrea e Sebastiano. Laura invita Roberto Corsini. Dunque, in tutto, con noi quattro, siamo venti… È un bel numero, eh?
GIANNI	Sì, per me va bene così.
LAURA, MARINA	Anche per noi.
PAOLO	E per il cibo, come facciamo?
MARINA	Beh, come sempre. Prepariamo un po' di crostini, la bruschetta, cuciniamo spaghetti al pomodoro… Poi tutti portano qualcosa: un primo, un'insalata, un dolce, il gelato, il vino, le bibite ecc. D'accordo?
PAOLO	Sì, sono d'accordo.
LAURA, GIANNI	Perfetto.
PAOLO	Bene, allora adesso usciamo. Dove andiamo?
GIANNI	Una pizza?
PAOLO, LAURA, MARINA	Ok, andiamo tutti in pizzeria.

9. Vero o falso?

1.	Mila non è bella.	V	F
2.	Gli amici di Pisa sono ragazzi in gamba.	V	F
3.	Per Marina, Arturo è un ragazzo interessante.	V	F
4.	Roberto è lo studente più bello, simpatico e affascinante della Facoltà di Economia e Commercio.	V	F
5.	Roberto è pigro e non pratica lo sport.	V	F

10. **Come sono?** Rileggi il dialogo dei quattro amici e scegli gli aggettivi opportuni.

1. A Paolo, **Mila** non piace perché è una ragazza [simpatica / antipatica] e [carina / bruttina]. Per Gianni, invece, **Mila** è [stupida / intelligente], [originale / ordinaria] ed elegante.

2. Per Paolo, **i ragazzi di Pisa** sono in gamba. A Marina però non piace **Arturo** perché non è gentile, ma è [maleducato / beneducato] e arrogante. Sempre per Paolo, **Arturo** è un ragazzo sensibile, [timido / sicuro], [buono / cattivo]. Molto spesso è impacciato.

3. Per Marina e Laura, **Roberto Corsini** è [bello / brutto], [antipatico / simpatico] e affascinante. Ed è anche molto ricco. Per Gianni e Paolo, invece, **Roberto Corsini** è un troglodita perché pensa solo ai muscoli e allo sport.

11. Metti i seguenti aggettivi sotto l'immagine opportuna.

A) bruno
B) divertente
C) piccolo
D) femminile
E) triste
F) atletico
G) biondi
H) brutta

12. **Osserva questi animali.** Descrivi le loro caratteristiche utilizzando gli aggettivi
    che hai trovato in questa unità.

Questo è un cane. È nero e white.
ha piccoli occhi e le orecchie carino.
Vi è una campana sul collo.

Questo è un maiale, è grasso
e ha un corti e ricci, tail. Quatero.
piedi sono tutto nero.

Questo e un maiale con un cappello. ∽ .

Questo e una gratta tigre Arrabbiato.
ha tapeti strisce di pelle.
ha. grande nese e danti affilati

Questo è un delfino con gli
occhiali. ha una lunga nese
e denti affilati. gli occhi sono.
molto piccole.

Questo è un grafene con i tacchi alti.
lei è molto bella perchè ha modelli sub. suo.
corpo e le sue gambe sono molto lunghi.

UNITÀ CINQUE

La famiglia

LA FAMIGLIA DI MARIO

Mi chiamo Mario Martini. Ho 14 anni e sono **figlio unico**. I miei **genitori** hanno 40 anni. Mia **madre** si chiama Elena e mio **padre** Marco. Mia madre ha un **fratello** e una **sorella**: lo **zio** Carlo e la **zia** Anna. Lo zio Carlo ha 32 anni, è sposato da due mesi e sua **moglie** si chiama Monica. La zia Anna ha 30 anni, è sposata e suo **marito** si chiama Alberto. Loro hanno due **figli gemelli** di 8 anni: mia **cugina** Lisa e mio **cugino** Paolo. I genitori della mia **mamma** abitano in un appartamento vicino al nostro e sono due persone molto attive. Mia **nonna** si chiama Antonia e mio **nonno** Matteo. I genitori del mio **papà** sono anziani e abitano in un'altra città, ma noi andiamo spesso a trovarli. Mio nonno Sandro e mia nonna Lorenza sono sempre molto felici di vedermi perchè io sono il loro unico **nipote** e mi fanno sempre un sacco di regali.

1. Scrivi il nome delle persone nell'albero genealogico della famiglia di Mario.
   Attenzione: Mario è il **nipote** di Sandro e Lorenza, ma è anche il **nipote** di Carlo. Lisa è la nipote di Antonia e Matteo ed è anche **la nipote** di Carlo.

Mario

2. **Che cosa dicono le persone della famiglia di Mario?** Completa le frasi con le
parole della lista. Attenzione c'è una parola in più.

cugino	nipote	sorella	zio	figlio unico	
cugina	figlio	moglie	nipoti	marito	fratello gemello

MATTEO   Mio _____ Mario è molto bravo con il computer e mi insegna a usare
Internet, ma io non imparo molto.

MARIO   Mio _____ Alberto è un bravo giocatore di scacchi.

ANTONIA   Io adoro i miei 3 _____ Mario, Paolo e Lisa.

PAOLO   Mio _____ Mario è davvero ganzo. È molto simpatico e con lui gioco
sempre a calcio, ma non sopporto Lisa, mia _____ perché piange
sempre.

ANTONIA   Mio _____ Carlo si è sposato due mesi fa, ma , a me, sua
_____ Monica, non piace molto.

MARIO   Non ho un fratello e non ho una sorella: sono _____
_____ .

ELENA   Mio _____ Marco tutte le domeniche va allo stadio a vedere la partita
di calcio ed io sono molto arrabbiata.

LISA   Io ho un _____ _____ che si chiama Paolo.

3. Abbina il maschile con il corrispondente femminile di ogni parola

___ 1. padre   (A) figlia

___ 2. marito   (B) sorella

___ 3. zio   (C) madre

___ 4. nonno   (D) nipote

___ 5. fratello   (E) zia

___ 6. figlio   (F) cugina

___ 7. cugino   (G) moglie

___ 8. nipote   (H) nonna

FRATELLI E SORELLE

4. Lavora in un piccolo gruppo e scopri:

    1. Quanti fratelli o sorelle hanno i tuoi compagni.
    2. Chi ha la famiglia più numerosa.
    3. Chi ha un fratello gemello o una sorella gemella.
    4. Chi è figlio unico.

5. Lavora con un compagno e decidete quali sono, secondo voi, i vantaggi e gli svantaggi di una famiglia numerosa.

vantaggi   svantaggi

_____   _____

_____   _____

_____   _____

_____   _____

Conosci L'Italia

LA FAMIGLIA ITALIANA

La famiglia italiana è molto cambiata negli ultimi 30 anni. Prima di tutto, le famiglie numerose dove nonni, genitori, zii e cugini vivevano insieme non ci sono più e oggi la famiglia è formata spesso dai genitori e da un solo figlio. Infatti l'Italia è il paese europeo dove si fanno meno figli (1,3 figli per ogni donna). Aumentano ogni anno le famiglie formate da una sola persona e quelle formate da un genitore solo con figli (la legge sul divorzio è del 1972). Molte donne oggi lavorano fuori casa e, sempre più spesso anche gli uomini aiutano nei lavori domestici e nella cura dei bambini.

Ieri

La famiglia è sempre più piccola, ma i legami fra le persone sono sempre molto forti. Per esempio mangiare insieme è ancora una cosa importante per gli italiani che, almeno una volta al giorno si riuniscono a tavola. Questo accade generalmente la sera a cena che diventa, così un'occasione di dialogo tra genitori e figli. Nella famiglia italiana rimangono sempre forti anche i legami con i parenti che cercano sempre di ritrovarsi insieme durante le feste , anche se vivono lontano.

Oggi

6. Leggi e indica la risposta corretta.

> La mia è una famiglia tradizionale. Ho 56 anni e sono la più giovane di 5 figli. Siamo 3 femmine e 2 maschi e siamo tutti sposati. Io e i miei fratelli viviamo nella stessa città e le mie sorelle vivono in un paese vicino. Nostra madre, ormai è anziana e vive con me. Lei ha 89 anni e, ora ha bisogno di cure, però questo non è un problema perché i miei fratelli e le mie sorelle mi danno sempre una mano: Io ho 2 figli e 8 nipoti e, quando ci incontriamo, per le feste, siamo davvero una bella famiglia!

Maria

Irene

> Mi chiamo Irene e ho 18 anni. I miei sono divorziati ed io vivo con mia madre e con il suo nuovo marito, Andrea, ma tutte le settimane vado a trovare mio padre e la sua nuova moglie che si chiama Antonella. A me Antonella piace, ma io vado volentieri da loro perché ci sono le mie due sorelline di 6 anni. Sono due bambine allegre e simpatiche e mi piace giocare con loro.

> Sono figlia unica. I miei hanno molte attenzioni per me e posso avere tutto quello che desidero, ma loro sono troppo apprensivi. La mia mamma, tutte le mattine, mi accompagna a scuola con la macchina, ma io vorrei andare in motorino, come le mie amiche…ma il mio papà dice che è troppo pericoloso… Uffa! La sera, poi, quando esco, devo tornare sempre prima di mezzanotte, come Cenerentola… Che noia!

Carlotta

Vero o falso?

1. Maria ha una famiglia unita.		V	F
2. Maria e le sue sorelle abitano nella stessa città.		V	F
3. I fratelli e le sorelle aiutano Maria a curare la madre.		V	F
4. Maria non ha nipoti.		V	F
5. Irene ha due sorelle gemelle.		V	F
6. Irene abita insieme alle sorelle.		V	F
7. I genitori comprano molte cose a Carlotta.		V	F
8. Carlotta è contenta di andare a scuola in macchina.		V	F

PARENTI

7. Leggi e completa la scheda.

MIA NONNA

La persona che preferisco, fra tutti i miei parenti, è mia nonna. Si chiama Luisa
ed è la madre di mia madre. Abita in un piccolo paese vicino a Siena e ora vive
sola perché, purtroppo, mio nonno è morto due anni fa. È alta, ha i capelli
bianchi e due occhi verdi molto vivaci. Ha 80 anni, ma è ancora giovane di spirito
e, anche se la sua faccia ha molte rughe, è sempre molto bella. Soprattutto è
una persona gentile e generosa e la cosa che più mi piace di lei è il suo carattere
allegro e il suo caldo sorriso. Quando ho un problema io vado sempre a casa
sua, perché con lei posso parlare di tutto e mi ascolta sempre con pazienza.
Nonna Luisa è una donna ancora molto attiva, adora lavorare in giardino e tutte
le mattine fa lunghe passeggiate con il suo cane Maso, ma la sua vera passione
è leggere e guardare vecchi film in televisione. Io, a 80 anni, voglio essere
esattamente come lei.

Caratteristiche fisiche

_____

_____

_____

Carattere

_____

_____

_____

Abitudini

_____

_____

_____

8. Pensa a una persona della tua famiglia e rispondi alle domande

   1. Chi è?
   2. Come si chiama?
   3. Dove vive?
   4. Come è?
   5. Perché hai scelto questa persona?
   6. Cosa gli/le piace fare?

9. Ora parla di questa persona a un compagno.

10. Scrivi una composizione su una persona della tua famiglia.

    _____

    _____

    _____

    _____

    _____

    _____

---

11. Completa il brano con le parole della lista. **Attenzione: c'è una parola in più.**

nonni	famiglia	sposato	cugino	fratello	unica
parenti	zia	figli	papà	gemelle	

    Mi chiamo Camilla Rossi, ho 15 anni e vivo a Perugia. I miei sono separati
    ed io abito con mia madre, ma vedo spesso anche il mio _____ .
    Non ho fratelli, sono figlia _____ , ma la mia è una grande
    _____ perché abbiamo molti _____ . La domenica,
    la mia mamma ed io andiamo a mangiare dai miei nonni e qui incontriamo
    sempre mia _____ Laura, la sorella di mia madre. È sposata e ha 3
    _____ : Luca di 14 anni e le _____ Paolina e Carlotta di
    6 anni. Mio _____ Luca è molto allegro e noi andiamo d'accordo,
    ma le gemelle sono due vere pesti. A casa dei _____ qualche volta c'è
    anche lo zio Filippo, il _____ di mia madre. Noi ragazzi adoriamo
    lo zio Filippo. Lui è un pittore bravissimo ed è un uomo intelligente, colto e
    spiritoso, insomma un vero mito. Ha 40 anni, è divorziato e non ha figli. In
    famiglia c'è un'altra presenza importante: è Teo il cane di mia nonna. È un
    Labrador di 13 anni. È un po' vecchio ormai, ma è un cane tranquillo, paziente
    e dolcissimo.

Conosci L'Italia

Gli italiani sono tutti mammoni?

MAMMA MIA!

Spesso si dice che i ragazzi italiani sono «mammoni». Questa espressione sottolinea il forte legame dei ragazzi con la loro mamma, ma soprattutto significa che le mamme italiane sono troppo protettive nei confronti dei figli maschi, anche quando questi figli sono adulti.

Quello dell'uomo italiano «mammone», insomma, è ormai uno stereotipo: un uomo molto legato alla mamma , che rimane sempre un po' bambino.

La realtà, naturalmente, è molto più varia e le mamme protettive esistono in tutti i paesi, però è vero che, in Italia, molti ragazzi vivono in casa con i genitori, anche quando hanno un lavoro, e lasciano la casa dei genitori solamente quando si sposano. Poi, se divorziano, spesso ritornano con mamma e papà. Le donne italiane, invece, sono più indipendenti e lasciano la casa dei genitori prima dei maschi.

Perché avviene questo? Sicuramente un motivo forte è quello economico, perché comprare un appartamento è molto costoso, gli affitti sono cari e trovare un lavoro fisso non è facile, però non è l'unico motivo. Infatti restare a casa con i genitori è molto comodo, perché la mamma pensa a tutto: lava, stira, pulisce e fa da mangiare e la famiglia diventa, così, un luogo confortevole.

12. Rispondi alle domande.

1. Per quali motivi i ragazzi italiani restano a lungo a vivere in famiglia?

   Perchè _____

   _____

   _____

2. **Pensa al tuo paese.** Quali sono le differenze con la situazione italiana? Quali le somiglianze? _sua' famiglies_

   Perchè cè costa molto per stare a casa.

   _____

   _____

13. **Siete mammoni?** Le ragazze della classe intervistano i ragazzi per scoprire se sono « mammoni ».

1. È il tuo compleanno. La tua ragazza ha preparato, per te, una cena con i tuoi amici, ma tua madre ti telefona e ti dice che anche lei ha preparato una cena a casa sua. Cosa fai?

   A Vai con la tua ragazza e dici a tua madre: « Mamma, vengo domani da te! »

   B Vai da tua madre e dici alla tua ragazza: « Arrivo più tardi, prima vado da mia madre! »

   C Vai da tua madre con i tuoi amici.

2. Sei uscito con i tuoi amici per andare a vedere una partita di calcio. Tua madre ti telefona e ti dice che ha bisogno subito di aiuto perché si è rotta la doccia. Cosa fai?

   A Dici a tua madre: « Mamma, devi chiamare l'idraulico, non me! »

   B Dici a tua madre: « Arrivo io, non ti preoccupare! »

   C Dici a tua madre: « Io non posso arrivare subito, però stai tranquilla, chiamo io l'idraulico! »

3. Di notte suona il telefono. È tua madre che ti dice: « Sento dei rumori in giardino. Ho paura. Vieni subito! » Cosa fai?

   A Dici a tua madre: « Mamma, sono sicuramente i gatti, torna a dormire! »

   B Dici a tua madre: « Vengo subito, stai tranquilla! »

   C Dici a tua madre: « Non ti preoccupare! Non è niente. Ora stiamo un po' al telefono a parlare, così ti calmi! »

4. Devi partire per una vacanza con i tuoi amici. Sei all'aeroporto. Tra un'ora il tuo aereo parte…ma tua madre ti chiama e ti dice: « Sai, non mi sento bene, devo andare dal dottore, puoi accompagnarmi? » Cosa fai?

   A Dici: « Mamma, dal dottore sei andata ieri, è solamente un'influenza! »

   B Dici: « Se stai molto male, vengo e parto domani! »

   C Dici: « Calmati mamma! Ora io chiamo il dottore e lui viene a casa tua! »

Risposta A = 1 punto	9 a 12 punti: Mammone
Risposta B = 3 punti	5 a 8 punti: Quasi mammone
Risposta C = 2 punti	4 punti: Per niente mammone

UNITÀ SEI

Lavoro e professioni

VOGLIO FARE IL GIARDINIERE!

Guarda le immagini. Chi sono? Dove sono? Che cosa fanno? Di che cosa parlano?

ANDREA   Guarda, mamma! Qui sul giornale c'è un annuncio interessante! Cercano un giardiniere all'albergo Miramonti… Quasi quasi li chiamo.

LA MAMMA   Il giardiniere? Sei pazzo! Con tutto quello che hai studiato! Hai finito un mese fa il liceo e ora vuoi fare il giardiniere! Non vuoi andare all'università? Ci sono tanti tipi di lavoro: il medico, l'ingegnere, l'avvocato, perché proprio il giardiniere?

ANDREA   Mamma, scusa, io voglio fare un lavoro all'aria aperta.

LA MAMMA   Ma che dici! Vuoi buttare via tutto quello che hai imparato per coltivare dei fiori? Pensaci bene! Guarda che hai scelto un lavoro davvero faticoso… senza orari…! Il giardiniere si sveglia prestissimo la mattina, non si riposa mai e lavora sotto il sole d'agosto e la pioggia o la neve d'inverno!

ANDREA   Oh mammina…! Senti, scusa tanto, ma io non voglio lavorare chiuso in uno studio come il babbo. Voglio fare un lavoro all'aria aperta e a contatto con la natura e poi…dai! Tu lo sai bene, mi alzo sempre presto, per me questo non è davvero un problema! Non mi va di fare un lavoro stressante e non mi interessa per niente fare carriera. Preferisco un lavoro creativo e gratificante anche se guadagno di meno e mi sveglio ogni mattina all'alba.

LA MAMMA   Beh, fa' come vuoi, l'importante è fare il lavoro che piace.

1. Vero o falso?

    1. Andrea vuole fare il dottore.   V **F**
    2. A Andrea non piace lavorare al chiuso.   **V** F
    3. Andrea vuole un lavoro ben pagato.   V **F**
    4. Il padre di Andrea lavora in uno studio.   **V** F
    5. Andrea vuole lavorare a contatto con la natura.   **V** F
    6. La mamma dice che Andrea deve scegliere ciò che vuole.   **V** **F**

2. Abbina le immagini ai nomi delle professioni.

casalinga
dottore
parrucchiera
uomo d'affari
operaio
impiegata
insegnante
vigile urbano
meccanico
commesso
cameriere
giardiniere
pompiere
architetto
contadino
attore
idraulico
avvocato
infermiera
regista

3. **Indovina che lavoro faccio?** Scegli tre professioni tra quelle rappresentate qui sopra. Trova tre aggettivi per descriverle e poi chiedi a un tuo compagno di indovinare di quale professione si tratta.

4. Scegli un elemento da ogni colonna delle due tabelle per formare una frase logica.

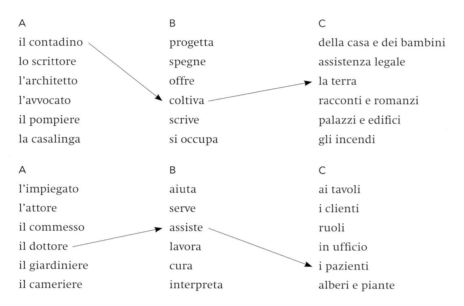

A	B	C
il contadino	progetta	della casa e dei bambini
lo scrittore	spegne	assistenza legale
l'architetto	offre	la terra
l'avvocato	coltiva	racconti e romanzi
il pompiere	scrive	palazzi e edifici
la casalinga	si occupa	gli incendi

A	B	C
l'impiegato	aiuta	ai tavoli
l'attore	serve	i clienti
il commesso	assiste	ruoli
il dottore	lavora	in ufficio
il giardiniere	cura	i pazienti
il cameriere	interpreta	alberi e piante

IL MONDO DEL LAVORO

Sara
Mi piace molto la natura e vorrei fare un lavoro dove posso avere un contatto con la campagna e con gli animali. Per me è importante avere un lavoro tranquillo che mi offre la possibilità di avere **tempo libero** per me e per la mia famiglia.

Daniele
Purtroppo da alcuni mesi sono **disoccupato** e qualche volta faccio dei **lavori in nero**. È veramente difficile oggi trovare un lavoro nuovo. Non mi interessa **guadagnare** molto, ma voglio avere un contatto con la gente. Non voglio rimanere in un ufficio tutto il giorno a lavorare davanti a un computer.

Marco
Lavoro in un ufficio da circa dieci anni: mi piace e soprattutto è un **lavoro fisso** con un buono **stipendio**. Molte volte però il mio lavoro è noioso e ripetitivo e poi il mio orario giornaliero è pesante e ho soltanto un mese di **ferie** l'anno. Vorrei fare qualcosa di più creativo, di più gratificante prima di **andare in pensione**.

Irene
Lavoro come **libera professionista**: collaboro con agenzie pubblicitarie. La cosa più importante per me è fare un lavoro stimolante dove posso incontrare persone diverse e interessanti. Voglio avere la possibilità di **fare carriera** e di guadagnare bene.

5. Rispondi alle domande.

   1. Che lavoro vuole fare Sara? Perché?
   2. Attualmente che cosa fa Daniele?
   3. Perché Marco non è soddisfatto del suo lavoro? Che cosa vorrebbe fare prima di andare in pensione?
   4. Qual è il lavoro ideale per Irene? Perché?

6. Trova nel testo della pagina precedente le parole o espressioni che significano:

   il tempo a tua disposizione quando non lavori   _____

   i soldi che ricevi per il tuo lavoro   _____

   una persona senza lavoro   _____

   una persona che non lavora come dipendente   _____

   migliorare la posizione nel lavoro   _____

   un lavoro illegale   _____

   smettere di lavorare   _____

   le vacanze dal lavoro   _____

   ricevere soldi per il tuo lavoro   _____

   un lavoro sicuro   _____

E PER TE, CHE COSA È IMPORTANTE NEL LAVORO?

7. Indica quali sono gli aspetti più importanti per te nel lavoro.

È importante...	molto	abbastanza	per niente
guadagnare molti soldi	☐	☐	☐
avere un contatto con le persone	☐	☐	☐
poter fare carriera	☐	☐	☐
avere un lavoro fisso	☐	☐	☐
lavorare vicino a casa	☐	☐	☐
avere molto tempo libero	☐	☐	☐
conoscere persone interessanti	☐	☐	☐
fare un lavoro utile per gli altri	☐	☐	☐
fare un lavoro creativo	☐	☐	☐
fare il lavoro per il quale hai studiato	☐	☐	☐

8. Adesso domanda al tuo compagno che cosa è importante per lui e completa lo schema. Chiedi il perché delle sue affermazioni.

È importante ...

molto	abbastanza	per niente
_____	_____	_____
_____	_____	_____
_____	_____	_____
_____	_____	_____
_____	_____	_____
_____	_____	_____
_____	_____	_____

9. **Come è il lavoro?** Collega gli aggettivi contrari.

___ divertente	Ⓐ	leggero
___ tranquillo	Ⓑ	vario
___ ripetitivo	Ⓒ	pericoloso
___ ben pagato	Ⓓ	sicuro
___ faticoso	Ⓔ	mal pagato
___ precario	Ⓕ	meccanico
___ creativo	Ⓖ	noioso

10. Esercizio da fare in coppia. Fate le domande e completate le due schede.

Scheda A

Dove lavora?	Che cosa fa?	Chi è?
_____	*pulisce e mette in ordine la casa*	_____
in ufficio	_____	_____
_____	*gira film e commedie*	_____
_____	*aiuta i clienti*	_____
in ospedale	_____	_____
_____	*spegne gli incendi*	_____
nel negozio	_____	_____
_____	*accusa e difende le persone*	_____
	coltiva i campi e cura gli alberi	_____
nello studio medico	_____	_____

Chiedi al tuo compagno le informazioni per completare la scheda.

Scheda B

Dove lavora?	Che cosa fa?	Chi è?
in casa	_____	_____
_____	*scrive lettere, risponde al telefono, dà informazioni al pubblico*	_____
al cinema o a teatro	_____	_____
nel negozio	_____	_____
_____	*assiste i malati e aiuta i medici*	_____
di solito all'aperto	_____	_____
_____	*lava e taglia i capelli*	_____
in tribunale	_____	_____
in campagna	_____	_____
_____	*cura i denti*	_____

11. A chi ti rivolgi nelle seguenti situazioni?

1. Vuoi fare una domanda perché non hai capito bene la lezione: _____
2. Devi fare tagliare gli alberi del tuo giardino: _____
3. C'è un gattino in cima a un albero: _____
4. Hai l'influenza e stai malissimo: _____
5. Devi tagliarti i capelli: _____
6. Vuoi comprare un paio di scarpe: _____
7. Entri in un ufficio e chiedi di parlare con il direttore: _____
8. Vuoi prenotare un tavolo al ristorante: _____

L'italiano di tutti i giorni

Con l'aiuto dell'insegnante scopri il significato di queste espressioni.

—Torno subito
—Chiuso per ferie
—Oggi sciopero generale
—Saldi
—Affittasi
—Chiuso per malattia
—Cercasi apprendista commessa

Quale cartello metteresti sulla vetrina di un negozio per le seguenti situazioni.

1. Il proprietario del negozio è andato al bar.

   _____

2. Il negozio è chiuso fino al 31 agosto.

   _____

3. Finalmente nei negozi ci sono gli sconti.

   _____

4. Sulla vetrina di un negozio c'è un cartello interessante per una persona
   che cerca un lavoro.

   _____

5. Il negozio non è aperto perché il personale aderisce alla protesta generale
   dei lavoratori.

   _____

6. Il negozio è chiuso per cessazione dell'attività ma il proprietario cerca un
   nuovo affittuario.

   _____

7. Il negozio è chiuso temporaneamente a causa di problemi di salute
   del personale.

   _____

12. Leggi la storia di Stefano e completa il brano. **Attenzione! C'è un'espressione non necessaria!**

orario	pensione	disoccupato	tempo libero
stipendio	operaio	guadagno	libero professionista

Io ho lavorato in una fabbrica per molti anni, ero un _____

specializzato e il mio _____ di lavoro era faticoso, mi alzavo alle sette

di mattina e lavoravo fino alle sette di sera. Il mio _____ non era alto,

guadagnavo circa ottocento euro al mese e con l'affitto della casa era difficile

andare avanti. Sfortunatamente la mia fabbrica ha licenziato molti operai così

anch'io, a soli nove anni dalla _____ , mi sono trovato senza un

lavoro, ero un _____ che viveva con il solo sussidio di disoccupazione.

Mi sono iscritto ad un corso professionale, ho imparato ad usare bene il computer

e ora lavoro come _____ e _____ abbastanza bene:

collaboro con molte agenzie turistiche. Sono contento perché amo il mio lavoro

anche se non ho fatto una grandissima carriera.

13. Raggruppa i vocaboli che seguono in categorie appropriate.

contadino	impiegato	dentista	attore	idraulico
parrucchiera	avvocato	commesso	architetto	dottore
postino	giardiniere	meccanico	scultore	pittore
insegnante	vigile	uomo d'affari		

Lavori che si fanno con le mani: Lavori che si fanno con la laurea:

meccanico

_____   _____

_____   _____

_____   _____

_____   _____

_____   _____

_____   _____

Lavori che si fanno con _____ :   Lavori che si fanno per _____ :

_____   _____

_____   _____

_____   _____

_____   _____

_____   _____

14. **Risolvi il seguente cruciverba.** Nella colonna verticale potrai leggere quale
    è il sogno di molti italiani.

1. _ _ _ □ _ _ _ _ _
2. _ _ □ _ _ _ _ _ _ _ _
3. _ _ _ _ _ □ _ _ _ _
4. _ _ _ _ _ _ _ _ □ _ _ _ _
5. _ _ _ □ _ _ _ _ _
6. _ _ _ _ _ □ _ _ _ _ _ _ _ _ _ _ _ _ _
7. _ _ _ □ _ _ _ _
8. _ _ _ _ _ _ □ _ _
9. _ _ _ _ □ _ _ _
10. _ _ □ _ _ _ _ _ _
11. _ _ □ _ _ _ _
12. _ _ _ _ _ □ _ _
13. _ _ □ _ _ _ _ _
14. _ _ _ _ _ □ _ _ _
15. _ _ □ _ _ _ _ _ _ _ _ _ _
16. _ _ □ _ _ _ _
17. _ _ _ □ _ _ _ _ _
18. _ □ _ _ _
19. _ _ _ _ □ _ _ _ _
20. _ _ _ □ _ _ _
21. _ _ _ _ _ □ _
22. □ _ _ _ _ _
23. _ _ _ _ _ _ _ _ □ _ _ _ _ _

1. È una persona che lavora in campagna e coltiva la terra
2. Migliorare la posizione lavorativa
3. La persona al n° 14 fa un lavoro così
4. Così è un lavoro sempre uguale
5. Fare soldi
6. È una persona che lavora per se stessa e ha uno studio
7. È l'opposto di fisso, stabile
8. È una persona che non ha un lavoro
9. È una persona che ripara le macchine e le motociclette
10. È l'opposto di ben pagato
11. È una persona che lavora in un ristorante
12. Così è un lavoro dove è necessaria molta fantasia
13. È una persona che lavora in un negozio
14. È una persona che non ha paura del fuoco
15. È una persona che dirige un'azienda
16. Quando le persone che lavorano vogliono protestare contro qualcosa fanno __
17. È una persona che disegna e progetta case e palazzi
18. Sono le vacanze di una persona che lavora
19. Sono i soldi che riceve una persona che lavora
20. È una persona che lavora in una fabbrica e fa un lavoro manuale
21. Giuseppe Tornatore è un __
22. È una donna che lavora in casa dove cucina, pulisce e cresce i figli
23. È la cosa che si fa quando si smette di lavorare

Mangiare e bere

1. **La piramide alimentare.** Abbina i numeri ai disegni.

_13_ pomodori
_8_ pollo
_19_ mela
_20_ limone
_1_ burro
_18_ banana
_3_ latte
_21_ fragole
_26_ pane
_7_ bistecca
_17_ arancia
_9_ patate
_11_ peperoni
_12_ piselli
_16_ carote
_25_ riso
_22_ cocomero

_4_ formaggio
_10_ melanzana
_14_ insalata
_24_ ciliegia
_23_ uva
_5_ uova
_6_ pesce
_2_ torta
_15_ zucca
_27_ pasta

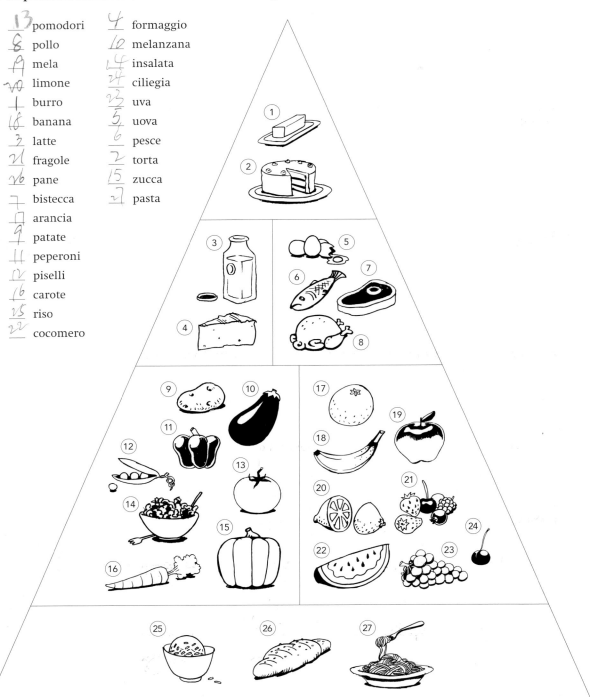

2. Leggi il brano e riscrivi i nomi degl i alimenti.

LA COLAZIONE DI ALESSIO (E LA SUA MERENDA)

Ciao! Io sono Alessio, ho quindici anni e vado al liceo. *[highschool]* Abito con i miei,
naturalmente, e mangio a casa. La mia mamma è brava a cucinare: molto più del *[more]*
papà! Lui però prepara la colazione. La mattina non ho molta fame, ma da noi c'è
comunque molta scelta. Il papà fa il caffelatte o il tè, poi mette sempre in tavola
pane, **burro**, **marmellata**, **miele**, **i biscotti**, lo zucchero e il latte freddo, perché *[jam] [honey] [cookies] [sugar]*
mia sorella preferisce i cereali. La colazione non è il mio pasto preferito. È molto *[meal]*
meglio a pranzo, quando la mamma prepara qualcosa di buono. Oppure quando
faccio merenda con i miei amici: mi piacciono molto gli hamburger, le **patatine
fritte** o i gelati…anche se la mia mamma dice che sono tutte porcherie! *[chips]*

i biscotti e / pane   miele   marmellata   formaggio   patatine fritte

IL PRANZO DI SILVANA

Io mi chiamo Silvana, sono casalinga e ho tre figli. Mi piace cucinare. Mi ha insegnato
mia madre, fin da piccola. Il pranzo è importante, ma durante la settimana non
c'è molto tempo. Per questo per me e la mia famiglia cerco di preparare cose sane e
semplici. La **pastasciutta** con diversi sughi, le **minestre**. Anche **carne** e **pesce**, certo:
pollo, **manzo**, **maiale**, tacchino…il baccalà. Poi molti contorni perché per i miei figli
le verdure sono importanti: faccio patate, pomodori, zucchini, **peperoni**, melanzane,
piselli, carote, spinaci, **carciofi**, cavolo, cipolle…molte sono buone anche crude! Poi,
la domenica, specialmente se vengono ospiti, cucino sul serio. Domenica prossima,
per esempio, ho invitato i nonni a pranzo. Probabilmente preparo un antipasto di
prosciutto e crostini; pasta e fagioli come primo piatto; come secondo ho pensato di
fare il pollo arrosto, o forse fritto. Di contorno una bella insalata e patate lesse. Un po'
di **formaggio**, la frutta…poi se ho tempo, faccio anche il tiramisù.

pesce   peperoni   carciofi   minestre   pastasciutta

manzo   formaggio   prosciutto   pig   carne

LA CENA DI MASSIMILIANO

Salve, sono Massimiliano e vivo da solo nel mio monolocale in centro. Lavoro molto
e, con i miei orari, il tempo per cucinare non c'è proprio! Spesso devo comprare
qualcosa di pronto in rosticceria o cuocere velocemente due **uova** o gli spaghetti
«**aglio, olio** e **peperoncino**»: li adoro, e nel tempo che bollono nell'acqua, l'olio è
già pronto. Quando non ho tempo neanche per questo, ci sono sempre il forno a
microonde e alcuni surgelati nel mio frigorifero. Certo, quando posso, amo mangiare
bene e mi piace tutto. Naturalmente non c'è niente di meglio dei piatti delle varie
cucine regionali italiane. Così tanti, vari e tutti deliziosi! E il massimo piacere è
gustarli con il nostro vino. L'altra sera sono andato a cena in una nuova trattoria ed ho
mangiato un risotto ai **funghi** fantastico. Ho assaggiato anche le penne con **zucchine**
e **salsicce** del mio amico: deliziose anche quelle! Poi una bella bistecca per tutti e due.
Adesso, comunque, con la globalizzazione, anche in Italia è sempre più facile gustare
la cucina internazionale. Sabato, ad esempio, a cena ho mangiato tailandese e ho
bevuto birra cinese…niente male davvero!

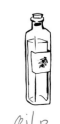

olio

zucchino

aglio

peperoncino

salsicce

funghi

uova

3. Domande di comprensione.

1. Come si chiamano i tre pasti principali in Italia?

   colazione   _pranzo_   _cena_

2. Che tipo di alimenti mangiano gli italiani a colazione?

   Pane, burro, marmellata, miele, i biscotti, lo zucchero e il latte freddo.

3. Che tipo di alimenti preferisce Alessio a merenda? Sua madre pensa che
   siano sani?

   Gli hamburger, le patatine fritte o i gelati. Sì, Sua madre che siano

4. Che cosa cucina Silvana durante la settimana?

   Primi piatti: _prosciutto e crostini, pasta e fagioli (come primo piatto)_

   Secondi piatti: _il pollo arrosto, o forse fritto._

   Contorni: _formaggio, la frutta, il tiramisù_

5. Qual è il menù di Silvana per il pranzo di domenica prossima?

_____

6. Qual è uno dei pochi piatti che Massimiliano cucina quando ha tempo?

due uova o gli spaghetti aglio, olive peper oncinos
very little time

7. Che cosa mangia quando ha veramente poco tempo?

Alcuni surgelati nel suo frigorifero

8. Quali sono gli ingredienti principali del primo piatto che ha mangiato al ristorante?

funghi, zucchne e salsicce

4. **E nei vostri paesi?** Chiedi ai tuoi compagni delle loro abitudini (colazione, pranzo, cena…).

5. Nella lettura ci sono alcuni verbi e aggettivi interessanti: ne capisci i significati?

C	cuocere	A	mangiare un pezzetto di qualcosa per sentire com'è
___	cucinare	B	cotto nell'acqua
___	arrosto	C	il processo di trasformazione del cibo con il calore
___	fritto	D	cotto in forno o sul fuoco diretto
___	cotto	E	preparare un piatto
___	crudo	F	non cotto
___	lesso/bollito	G	cotto nell'olio **bollente**
___	assaggiare	H	participio passato di cuocere

—Mamma, mamma…come cucini le melanzane alla parmigiana?

—È complicato. Per prima cosa dobbiamo **cuocere** le melanzane.

—Come le fai? **Lesse**?

—No: fritte in olio d'oliva.

—E poi?

—Poi **cuciniamo** la salsa di pomodoro: la prepariamo con sedano, cipolle e carote, la mettiamo in una casseruola e la lasciamo **cuocere** per almeno mezz'ora.

—E poi?

—Alla fine **mettiamo tutto in forno** con il parmigiano e **cuociamo** per altri 20 minuti.

6. **Un gelato alla frutta.** Come lo vuoi?

1. *ai frutti di bosco*
2. _____
3. _____
4. _____
5. _____
6. _____
7. _____
8. _____
9. _____
10. _____
11. _____
12. _____
13. _____

Conosci L'Italia

COME MANGIANO GLI ITALIANI?

In modo molto vario. Non esiste una cucina italiana: esistono al contrario molte cucine regionali anche molto diverse tra loro. Gli italiani del nord mangiano in modo più simile ai cittadini dell'Europa centrale. Nel centro-sud, la regina è la dieta mediterranea, di cui oggi si parla molto come di una dieta sana, che fa bene alla salute. Si chiama «mediterranea» perché riprende i cibi tradizionali delle popolazioni del Mediterraneo e in particolare della parte meridionale dell'Italia. Sono cibi preparati con ingredienti semplici e naturali, come l'olio d'oliva e i cereali. Il grano, infatti, è la base per la farina che serve per fare la pasta, il pane e la pizza. A questi cibi aggiungiamo tante verdure, tanta frutta, il pesce e un po' di vino, ma anche il latte e carne bianca. Otteniamo così una dieta ricca di alimenti vegetali, ma povera di grassi animali.

Certo, nella società moderna, molto dipende anche dagli stili di vita. Il pranzo a casa è sempre più sostituito da un veloce spuntino al bar e i piatti tradizionali sempre più affiancati dalla cucina internazionale. Il pranzo della domenica e delle feste rimane, comunque, ancora molto «italiano» in tutta la penisola. Un pasto completo è composto dall'antipasto, da un primo piatto, da un secondo piatto di carne o pesce, da un contorno di verdure e da un dolce o dalla frutta. Dopo tutto questo c'è naturalmente bisogno di un bel caffè. Il digestivo (amaro o grappa) è, per alcuni, la naturale conclusione di un buon pranzo.

7. Inserisci le parole nella categoria giusta.

l'arancia	il pomodoro	l'insalata	il pollo	la pera
la bistecca	i peperoni	il tacchino	il manzo	il tiramisù
l'uva	la banana	la mela	il tonno	il maiale
il pompelmo	la torta	la pesca	le fragole	i carciofi
il gelato	l'ananas	i fagioli	gli spinaci	i funghi
il baccalà	le melanzane			

carne	pesce	verdura	frutta	dolci
____	____	____	____	____
____	____	____	____	____
____	____	____	____	____
____	____	____	____	____
____	____	____	____	____
____	____	____	____	____

8. **Qual è l'intruso?** Sottolinea la parola estranea in ogni riga.

1. birra   caffè   insalata   acqua
2. maiale   pollo   manzo   pesce
3. mela   carota   cipolla   patata
4. banana   arancia   pesca   verdura
5. primo   secondo   pasta   contorno

9. Hai invitato a cena Anna e Leo. Che cosa prepari? **Attenzione: Anna è allergica ai derivati del latte e Leo è vegetariano.**

Idee:

tortellini al ragù	insalata caprese	bistecca alla fiorentina
pollo arrosto	cappuccino e biscotti	melanzane alla parmigiana
tiramisù	salsicce e fagioli	prosciutto e melone
spaghetti al pesto	penne ai 4 formaggi	trippa alla fiorentina

Ti sembrano buone queste idee? Se no, fai tu il menù.

antipasto	primo	secondo	contorno	dessert
____	____	____	____	____
____	____	____	____	____
____	____	____	____	____
____	____	____	____	____

10. **È buono o fa bene?** Inserisci i nomi di ogni alimento nella casella che credi più giusta.

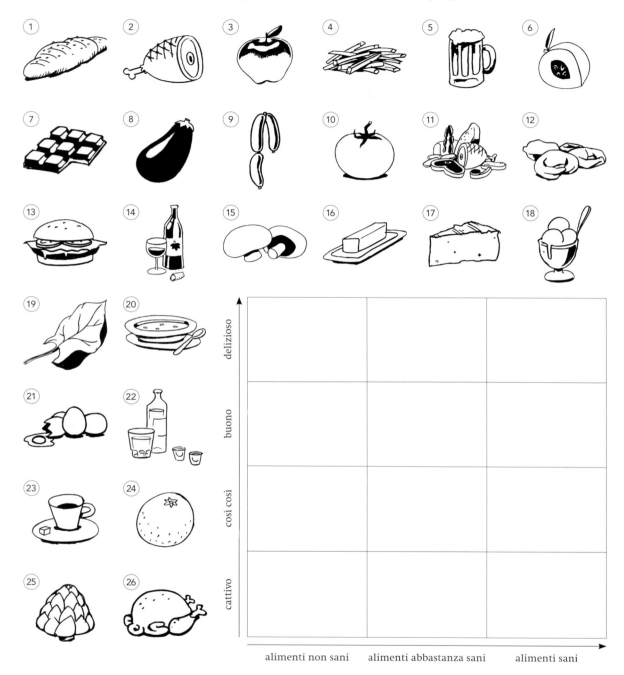

AL RISTORANTE

11. Abbina i vocaboli alle immagini numerate.

___ bottiglia

___ piatto

___ bicchiere

_8_ caraffa

___ tovaglia

___ tovagliolo

___ forchetta

___ cucchiaio

___ coltello

LUIGI E MARINA SONO AL RISTORANTE

CAMERIERE	Prendete un antipasto? Abbiamo degli ottimi crostini misti!
LUIGI	No, grazie cominciamo con un primo…Io prendo una ribollita.
MARINA	Io, invece, prendo le penne al sugo di pomodoro.
CAMERIERE	Bene! Allora…ribollita e penne…E come secondo?
LUIGI	Per me una bistecca…ben cotta…Bistecca anche per te Marina?
MARINA	No, io preferisco pollo fritto e…per contorno, patatine.
LUIGI	Mmm…Io, invece, preferisco mangiare verdure crude…prendo un'insalata.
CAMERIERE	E da bere?
LUIGI	Una bottiglia d' acqua minerale naturale e mezzo litro di vino.
CAMERIERE	Bianco o rosso?
LUIGI	Rosso. Con la carne io bevo sempre vino rosso.
MARINA	Mmm…questo pollo è salato e le penne erano scotte: lo sanno anche i bambini che la pasta deve essere al dente!
LUIGI	Boh…la bistecca è buona, anche se è un po' fredda.
CAMERIERE	Tutto bene, signori? Avete bisogno di qualcosa?
MARINA	Ci porta ancora un po' di pane? E anche un'altra bottiglia d'acqua, per favore!
CAMERIERE	Subito! Ecco il pane e l'acqua! Prendete ancora qualcosa?
MARINA	Per me un dolce…Vorrei una fetta di crostata!
LUIGI	Per me solo un caffè, grazie. Non mi porti lo zucchero: lo prendo amaro… E poi, ci porta il conto, per favore?
CAMERIERE	D'accordo.

12. Unisci le frasi, come nell'esempio.

<u>D</u> 1. Può portarci il conto, per favore?   Ⓐ Sì, un caffè, grazie!

___ 2. Buon appetito!   Ⓑ Bianco o rosso?

___ 3. Per contorno, cosa prende?   Ⓒ Grazie, altrettanto!

___ 4. Prende ancora qualcosa?   Ⓓ Certo, signore, lo porto subito!

___ 5. Vorrei una bottiglia di vino!   Ⓔ Sì, mi porta ancora del pane?

___ 6. Ha bisogno di qualcosa?   Ⓕ Pomodori e spinaci!

---

13. Collega ogni aggettivo al suo contrario, come nell'esempio.

___ 1. dolce   Ⓐ sciocco

___ 2. salato   Ⓑ caldo

___ 3. cotto   Ⓒ cattivo

___ 4. al dente   Ⓓ amaro

<u>B</u> 5. freddo   Ⓔ crudo

___ 6. buono   Ⓕ scotto

14. Completa con gli aggettivi opportuni.

1. Questi spaghetti sono pronti da 2 ore, ormai sono _____.

2. In questa zuppa non c'è il sale: è _____.

3. A me non piace il caffè con lo zucchero, lo preferisco_____.

4. Io non mangio la verdura cotta, la preferisco _____.

15. Completa il cruciverba.

Orizzontali ➡

  3. Lo usiamo per tagliare la carne

  5. Il contrario di **caldo**

  8. Il contrario di **amaro**

10. A tavola lo usiamo per pulirci la bocca

Verticali ❚

  1. Lo usiamo per bere l'acqua

  2. «Buon appetito!» «Grazie __!»

  4. Il contrario di **cattivo**

  6. La usiamo per mangiare la pasta

  7. Lo usiamo per mangiare la minestra

  9. Il contrario di **cotto**

16. Completa il brano con una parola della lista. **C'è una parola in più.**

verdura	vino	caffé	carne	pasta	antipasto
pesce	cena	frutta	cucino	ceniamo	colazione
bianco	secondo				

Sono sposata e ho due figli che studiano al liceo. Mi piace molto cucinare
e cerco sempre di preparare cose buone, ma sane. La mattina mi alzo allo 7
e preparo la _____ per tutti: latte, _____ , pane e
marmellata. Di solito pranziamo all'una e mangiamo sempre un piatto di
_____ o riso e, dopo, un'insalata o della _____
lessata e, per finire, la frutta. La sera _____ verso le 8 e, spesso,
preparo una zuppa di verdure, della _____ o del pesce e ancora
molta _____ . La domenica, invece, _____ un pranzo
più ricco. Di solito cominciamo con un _____ , poi mangiamo un
primo, un _____ con carne o _____ e un contorno di
verdura. Quasi sempre la domenica preparo anche un dolce. Finiamo sempre
con la frutta. Generalmente, durante la settimana, beviamo acqua, ma la
domenica apriamo sempre una buona bottiglia di _____ :
rosso se c'è la carne e _____ se c'è il pesce.

17. Completa il cruciverba.

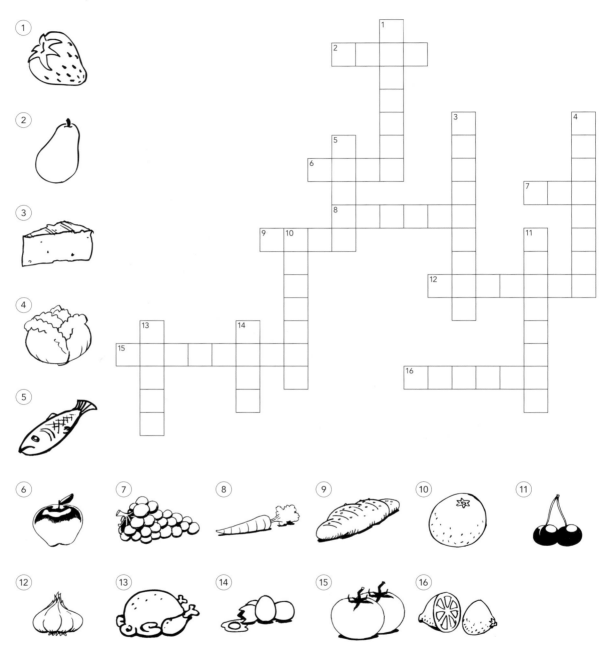

La moda

UNA PASSEGGIATA IN CENTRO

SARA   Oggi sono un po' giù, mi devo comprare qualcosa da **indossare**.

ANNA   Io invece quando sono giù di corda ho bisogno di mangiare.

SARA   Ok, facciamo così, ci prendiamo un bel gelato e poi ‹**shopping**› **sfrenato**.
C'è un nuovo **negozio** in via Roma, Massimo Marra. È una catena spagnola,
tipo Aras. Credo che sia abbastanza **economico**.

ANNA   Finalmente Firenze si apre agli altri paesi. Prima, a parte qualche nota **marca**,
non c'era molta scelta per i giovani. L'**alta moda** è decisamente troppo cara.
Ci voleva proprio una linea giovane e **accessibile alle nostre tasche**!

SARA   È vero. C'è bisogno di novità e originalità. Guarda comunque che è aperto anche
Aras! Ed è anche più **economico**.

ANNA   Davvero? Non lo sapevo. Mi piace molto anche Mini e Co., ho visto dei **maglioni
coloratissimi**, a righe e delle **gonne** deliziose! Ma è troppo **caro**. Per uno studente
il modo più economico per **fare spese** è il **mercato**. Ce ne sono tanti a Firenze:
a Campo di Marte, alle Cure, in Santo Spirito, alle Cascine.

SARA   Senti! Basta con le chiacchiere, io preferisco i **negozi** con le ultime **tendenze**.
Nei mercati trovi solo gli avanzi. Entriamo da questo Massimo Marra e il gelato
ce lo prendiamo dopo. Prometto!

ANNA (tra sé)   Che pazienza!

---

1. Nel dialogo tutte le parole e le espressioni che si riferiscono alla moda, ai negozi,
    al fare acquisti (compresi i ‹modi di dire›) e all'abbigliamento sono evidenziate
    in grassetto. Chiedi aiuto al tuo insegnante se non capisci il significato e poi
    trascrivile sotto:

    _____

    _____

    _____

    _____

    _____

    _____

L'italiano di tutti i giorni

Occhio alle espressioni! Ricorda che «fare spese» significa fare shopping, mentre «fare la spesa» significa acquistare cibo e cose utili per la casa.

DENTRO IL NEGOZIO DI ABBIGLIAMENTO

COMMESSA	Buongiorno, posso aiutarvi?
SARA	Vogliamo solo **dare un'occhiata**.
COMMESSA	Fate pure.
ANNA	Non sopporto le **commesse** che ti stanno addosso!
SARA	Anch'io. Guarda che bei **pantaloni a vita bassa** e con la **zampa di elefante** non esagerata, (indicandoli) mi piacciono questi, di **velluto rosa**.
COMMESSA	Li vuole **provare**?
SARA	(Tra sé) Oddio che incubo questa **commessa**! (Ad alta voce) Sì, grazie, li provo. Dov'è il **camerino**?
COMMESSA	Qua dietro, signorina.
	Sara entra nel camerino e **prova i pantaloni**.
SARA	Ho sbagliato **taglia**, ho preso la **44** invece della **42**.
ANNA	Vado a prenderti la taglia giusta!

Sara **indossa** i pantaloni.

SARA	Questi **mi vanno bene**. Senti Anna! Devi essere sincera però! (Pausa di silenzio) **Mi ingrossano**?
ANNA	No! **Ti stanno bene**! L'unica cosa è che sembri un confetto rosa!
SARA	La solita gentile!
ANNA	Ma non dovevo essere sincera? Boh! io non ti capisco.
SARA	Va bene! Va bene! Grazie per la sincerità! Comunque ho deciso per il rosa, quest'anno **è di moda**. Quasi quasi prendo anche la **camicetta a righe** per fare un completo. Che **spendacciona** che sono! Ho **le mani bucate**.
ANNA	Io invece aspetto la stagione dei **saldi** per comprarmi qualcosa di nuovo e non perché sono **tirchia**, come dici tu, ma perché non sopporto tutto questo consumismo.
SARA	Ok, Miss No Global!

Anna comincia ad essere stanca di **vestiti** e ha voglia di gelato. Sara va alla **cassa e paga in contanti**.

2. Nel dialogo trovi molte espressioni e parole utilizzate dalle ragazze per «fare
    acquisti». Individua quelle usate prima, durante e dopo lo shopping.

prima   durante   dopo

_____   _____   _____

_____   _____   _____

_____   _____   _____

_____   _____   _____

_____   _____   _____

_____   _____   _____

_____   _____   _____

3. **Vestiti, accessori, biancheria.** Abbina le parole alle immagini.

_7_ giacca
_1_ gonna
_6_ pantaloni
___ giubbotto
_10_ cappello
_3_ camicetta
_4_ maglietta
___ maglione
_27_ felpa
___ cappotto
___ cravatta
___ impermeabile
___ camicia
_11_ calzini
_14_ cintura
_2_ portafoglio
___ portachiavi
___ orologio
_15_ occhiali
___ borsa
___ zainetto
___ pigiama
_20_ vestaglia
_17_ mutande
_16_ reggiseno
_26_ canottiera
_25_ scarpe

4. Sono arrivate le nuove ordinazioni e la commessa di un grande negozio del centro deve mettere tutto a posto; aiutala a riordinare le cose! Inserisci nei gruppi relativi gli oggetti dati in ordine sparso

gonna	cravatta	cintura	portachiavi	abito	borsa
vestaglia	ombrello	mutande	zainetto	giacca	pantaloni
camicia	maglietta	maglione	felpa	cappotto	impermeabile
accappatoio	giubbotto	cappello	calzini	portafoglio	costume da bagno
orologio	pigiama	reggiseno	camicetta	sciarpa	camicia da notte
scarpe	canottiera				

Vestiti:

_____

_____

Accessori:

_____

_____

Biancheria:

_____

_____

5. **I colori.** Associa ogni colore ad un elemento della natura, ad esempio: il mare è azzurro; poi prendi una scatola di matite e colora il disegno.

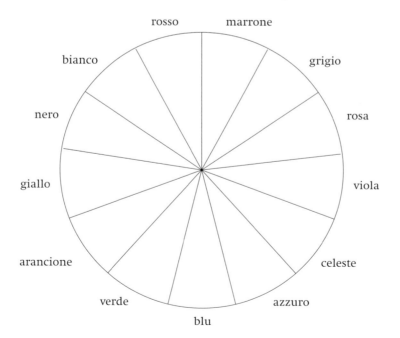

IN ITALIANO ESISTONO ALCUNE FRASI IDIOMATICHE CON I COLORI

Diventare **bianco** come un cencio per la paura; mangiare in **bianco** cioè senza sughi e condimenti.

Rosso come un peperone o diventare **rosso**, cioè arrossire per vergogna, rabbia o commozione.

Essere **nero** dalla rabbia; incavolato **nero**; vedere tutto **nero** cioè avere una visione della vita negativa; periodo **nero**, cioè sfortunato.

Essere al **verde**, cioè senza soldi; **verde** d'invidia.

Essere **giallo** dalla rabbia; diventare **giallo** di paura; ‹**giallo**› cioè film o romanzo poliziesco.

6. Adesso riutilizza alcune delle espressioni incontrate sopra e completa le frasi con i colori giusti. **Attenzione al genere maschile e femminile.**

   1. Oggi ho mal di stomaco, il dottore mi ha detto che devo mangiare in
      _____

   2. Giuseppe ha fatto una figuraccia con la sua fidanzata. Ha lasciato il prezzo sul regalo che le ha fatto per il compleanno. Quando se ne è accorto è diventato _____ di vergogna.

   3. Sono veramente arrabbiata. Anzi, sono incavolata _____ .
      Ho perso il portafoglio con tutti i documenti e le carte di credito.

   4. Stefania non può comprare il cd che desiderava perché è al _____ ,
      Deve aspettare il prossimo stipendio.

   5. Ieri sera al cinema abbiamo visto un interessante film _____ .

Conosci L'Italia

ECCO UNA TABELLA DELLE TAGLIE MASCHILI E FEMMINILI

Per la donna
la 38 corrisponde ad una extra small
la 40 – 42 è una small
la 44 – 46 è una media
la 48 – 50 è una large
la 52 – 54 è una extra large

Per l'uomo
la 44 – 46 è una small
la 48 – 50 è una media
la 52 – 54 è una large
la 56 è una extra large

I TESSUTI POSSONO ESSERE

tinta unita

fantasia

a fiori

a quadretti

a righe

a pois

I TESSUTI E I MATERIALI

la lana

il cotone

la seta

la pelle

7. **Di che stoffa? Di che materiale?** Riordina la parola e inseriscila nella frase

    1. È un tessuto pesante che si usa quando fa freddo: ALAN   __ __ __ __

    2. È un materiale con cui si fanno scarpe e borse: ELEPL   __ __ __ __ __

    3. Le cravatte di solito sono di   ATES   __ __ __ __

    4. È un tessuto che si usa d'estate: TONECO   __ __ __ __ __ __

8. Proposte per parlare o scrivere.

   1. **Parla o scrivi**: Qual è il tuo colore preferito? Perché? A che cosa lo associ?

   _____

   _____

   _____

   _____

   2. **Parla**: A turno chiedi al tuo compagno di che tessuto è il suo abbigliamento.

   Es.: *Di che cosa è fatto il tuo maglione? Di che stoffa sono i tuoi pantaloni?*
   Rispondi: *È di…, sono di…*

9. **L'armadio di Sara.** Inserisci le parole e attenzione perché c'è una parola in più!

   calzini   vestiti   maglione   tacco   lungo   da
   ginnastica   accappatoio costume da bagno

   Nell'armadio di Sara ci sono moltissimi _____ perché lei è molto

   vanitosa, come tutte le ragazze della sua età. Quando va all'università si mette

   un paio di jeans e un _____ , scarpe _____ , un giaccone

   e via, pronta per uscire. Il pomeriggio tardi, dopo una giornata di studio, Sara

   va in palestra. Prepara la borsa e ci mette una tuta, dei _____ puliti,

   l' _____ e il bagnoschiuma per fare la doccia. La sera naturalmente

   esce. Inizia allora il rituale della preparazione. Scarpe con il _____ ,

   abito _____ , trucco e pettinatura raccolta.

10. Abbina le parole o le espressioni che hanno lo stesso significato.

   ___ 1. tirchio   (A) di tendenza

   ___ 2. mettersi addosso   (B) senza soldi

   ___ 3. al verde   (C) spendaccione

   ___ 4. costare poco   (D) avaro

   ___ 5. alla moda   (E) indossare

   ___ 6. mani bucate   (F) essere economico

LA RUBRICA DI «FASHION»

Care lettrici, questa pagina è per voi. Se avete dubbi su cosa dovete fare per apparire belle,
per migliorare il vostro aspetto, scriveteci!

Il mio problema è che sono un po' cicciottella e vorrei un consiglio su come
apparire più magra per il matrimonio di mia sorella. Che cosa mi consigli?
Ho 25 anni. Sono alta uno e sessantacinque, ho i capelli castani e lisci e la pelle
chiara. Mi sento la sorella minore di Bridget Jones. Anna da Firenze

scialle

orecchini   collana

stivaghi clogs boots

---

11.   Completa con le parole. **Attenzione! C'è una parola in più.**

collana   seta   abito   orecchini di perle
pantaloni   scarpe basse   scialle

Cara Anna,
ti suggerirei un _____ di _____ , color pastello, magari
una fantasia a fiori, visto che siamo in primavera, delle _____ stile
anni cinquanta, tipo ballerine, una _____ , degli _____ ,
uno _____ per entrare in chiesa. A proposito, per quel giorno
dimentica di sentirti cicciotella! Spero di esserti stata di aiuto.

12.   Proposte per parlare o scrivere.

   1.   **Parla con il tuo compagno:** Che cosa indossi per essere a tuo agio?
        Per sentirti veramente te stesso? La moda per te è una cosa superficiale, un
        modo per apparire tutti uguali, o un gioco per esprimere la tua personalità?
        Ti vesti in base all'umore?

2. **Scrivi:** Che cosa indossi se devi andare ad una festa elegante? E per una gita in campagna?

_____

_____

_____

_____

3. Secondo te è vero il detto «l'abito non fa il monaco»? Parlane con i tuoi compagni.

LA MANIA DELLE DONNE: LE SCARPE

ANNA Quest'anno sono di moda le **ballerine**, magari abbinate ad un cappottino classico anni '50, alla Audrey Hepburn, per intendersi!

SARA Adoro lo stile anni '50, giacche corte, gonne a ruota, pizzi e décolletées.

ANNA Però d'inverno **un paio di stivali** sono indispensabili. Andiamo a vedere alla Must per me. E dopo da Galestri per te.

SARA Va bene, io prendo qualcosa di elegante da Galestri.

ANNA Non avevo dubbi cara, io invece compro dei **comodi stivali**. Ma il gelato? Quando lo prendiamo?

SARA Giuro, dopo le **scarpe**.

Dentro al negozio di **scarpe**.

COMMESSO Desiderate?

ANNA Vorrei degli **stivali neri in pelle morbida** possibilmente **comodi**, senza **tacco**.

COMMESSO Che numero?

ANNA il 39.

Anna prova gli **stivali** e decide di comprarli. Sara nel frattempo guarda le **ballerine** in vetrina e chiede aiuto al commesso.

SARA Potrei provare le **ballerine** esposte in vetrina?

COMMESSO **Che numero?**

SARA Il **36**, grazie.

Sara le prova e decide che prenderà anche lei le **scarpe** alla Must.

Le due ragazze pagano e decidono di tornare a casa perché hanno speso abbastanza e non hanno più neanche i soldi per il gelato.

VORREI UN PAIO DI STIVALI E DI

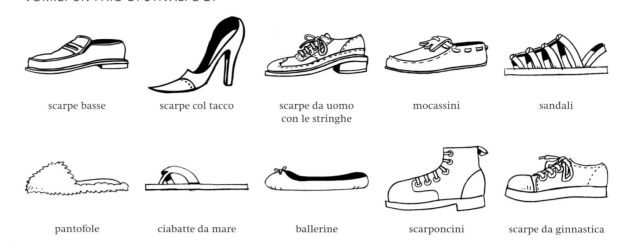

| scarpe basse | scarpe col tacco | scarpe da uomo con le stringhe | mocassini | sandali |

| pantofole | ciabatte da mare | ballerine | scarponcini | scarpe da ginnastica |

13. La scarpiera di Sara.

stivali   ciabatte   scarpe da ginnastica   scarpe col tacco
pantofole   sandali   scarpe basse

Sara ha la fissa delle scarpe, nella sua scarpiera ce ne sono di tutti i tipi.
Dalle _____ per le serate eleganti, alle _____ per
camminare comodamente. Sara ha anche la passione per il mare, e per la
spiaggia possiede delle _____ coloratissime. La sera, al mare, per
uscire con gli amici si mette dei _____ infradito tempestati di
perline. D'inverno quando fa freddo usa gli _____ , per andare in
palestra ha delle bellissime _____ , ma quando rientra a casa la sera,
non vede l'ora di infilarsi le _____ .

UNITÀ NOVE

La natura e il mondo intorno a noi

1. Leggi i tre brani e usa le parole in grassetto per completare le immagini qui sotto e alla pagina seguente.

Ah, come mi piace il **mare**! D'inverno adoro passeggiare lungo le **spiagge** deserte e guardare le **onde** del mare agitato dal vento. D'estate mi piace stare al sole come una lucertola e poi tuffarmi dagli **scogli** e nuotare a lungo. Sono nata sulla **costa** ligure, vicino alle Cinque Terre e il mare e il vento fanno parte della mia vita. In Liguria non ci sono molte spiagge con la **sabbia** e la costa è alta sul mare. Adesso vado al mare all'Elba, un'**isola** di fronte alla Toscana. Non è male, ma la Liguria mi piaceva di più.

1. _____
2. _____
3. _____
4. _____
5. _____
6. _____
7. _____

Io adoro la **montagna**. Sfortunatamente sono nato nella **pianura** padana. Per me la pianura è triste e monotona. A me piace andare in alto, salire sulle cime delle montagne. In montagna passo tutto il mio tempo libero. D'inverno vado a sciare o a pattinare sui **laghi** ghiacciati. D'estate cammino sui **sentieri**. Parto la mattina presto con lo zaino e cammino tutto il giorno. Al ritorno mi fermo su un **prato** al sole, mangio e mentre mangio (niente è più buono di un panino allo speck mangiato in montagna!) guardo in alto le cime coperte di neve e in basso vedo i **boschi** pieni di colori e alberi differenti. Sono stanco, ma felice.

1. _____
2. _____
3. _____
4. _____
5. _____
6. _____

Ogni volta che ritorno a Firenze dopo un viaggio all'estero capisco perché il mio paese mi piace così tanto! Quando in aereo volo sopra le Alpi vedo le cime coperte di neve e in basso le **valli** attraversate dai **fiumi**. Qualche volta, se il tempo è chiaro e l'aria pulita, vedo anche le mucche che pascolano sui prati verdi. Quando l'aereo arriva sopra il mare, vedo la costa della Liguria e poi della Toscana. In mezzo al mare ci sono delle piccole isole con città, porti e barche. Quando l'aereo si avvicina a Firenze e si abbassa, allora posso vedere meglio la campagna della Toscana: le sue dolci **colline** piene di **vigne** e di **olivi**, le **case coloniche** sparse per la **campagna** e attorno gli alberi caratteristici del paesaggio toscano: i **cipressi**. Allora mi sento a casa.

1. _____
2. _____
3. _____
4. _____
5. _____
6. _____
7. _____
8. _____

2. Descrivi…

1. Il paesaggio che vedi dalla finestra della tua classe.

   _____
   _____
   _____

2. Il paesaggio che vedi da una finestra della tua casa nel tuo paese.

   _____
   _____
   _____

3. Il paesaggio della tua finestra ideale.

   _____
   _____
   _____

3. Ordina le lettere per formare parole relative al mondo della natura.

1.	ERMA	M __ __ __
2.	AGLO	L __ __ __
3.	LICALON	C __ __ __ __ __ __
4.	GASGAPII	S __ __ __ __ __ __ __
5.	BALERO	A __ __ __ __ __
6.	SIALO	I __ __ __ __
7.	GOTAMNNA	M __ __ __ __ __ __ __
8.	UMEFI	F __ __ __ __

4. Per ogni gruppo di parole elimina quella che non va bene e motiva la tua scelta. **Attenzione! C'è più di una possibile risposta.**

1. mare	scogli	montagna	costa
2. sabbia	montagna	collina	pianura
3. fiume	spiaggia	valle	montagna
4. collina	mare	vigna	campagna
5. olivo	isola	albero	campagna
6. onda	olivo	bosco	cipresso
7. spiaggia	scogli	onda	casa colonica

5. Completa le frasi con una parola relativa al mondo della natura. Se vuoi, puoi aiutarti con una cartina dell'Italia.

1. Le Dolomiti sono _____ .

2. Il Mediterraneo è un _____ .

3. La Sicilia è un' _____ .

4. Bellagio è sul _____ di Como.

5. Il Po è un _____ .

6. La _____ amalfitana è famosa in tutto il mondo.

7. Sulle _____ toscane ci sono molte vigne e molti oliveti.

8. Il Valdarno è una _____ .

9. La _____ di Rimini è piena di turisti in estate.

RICORDI DI FRANCESCO

Quando ero bambino, passavo l'estate in Sardegna. I miei genitori preferivano mandarmi al mare e non in montagna. Dicevano che l'aria di mare era perfetta per un bambino. La Sardegna è una bellissima isola del Mediterraneo. Io andavo sempre dai miei zii che avevano una casa sulla Costa Smeralda. Loro erano contadini e passavano tutto il giorno nei campi a lavorare. Io qualche volta li aiutavo e qualche volta andavo al mare con Giuseppe, un mio amico. La mia spiaggia preferita aveva la sabbia rosa e qualche scoglio. Gli scogli della Sardegna sono speciali. Vicino alla casa dei miei zii ce n'era uno a forma di orso. Il mare della Sardegna è molto pulito. Io sapevo nuotare molto bene e mi divertivo a osservare i pesci e le stelle marine.

Giuseppe era il mio più caro amico. Quando non andavamo al mare a nuotare, giocavamo insieme. Vicino a casa sua c'era una collina, ma Giuseppe la chiamava «montagna». Lui non aveva mai visto le Alpi e quindi non poteva capire la differenza. Spesso noi salivamo sulla «montagna» e quando arrivavamo in cima, ci riposavamo all'ombra di qualche albero. Giuseppe e io portavamo sempre qualcosa da mangiare e poi giocavamo a fare gli esploratori. Da lì si potevano vedere le case delle nostre famiglie, quelle di altre persone, la spiaggia, il grande scoglio a forma di orso e un piccolo fiume che scorreva verso il mare.

6. Rispondi alle seguenti domande.

   1. Dove passava le vacanze il protagonista? *In Sardegna.*
   2. Perché andava sempre lì? *I suoi genitori preferivano mandarmi al mare*
   3. Cosa faceva? *aiutavo e qualche volta andavo al mare e qualche scoglio*
   4. Chi era Giuseppe? *un suo amico*
   5. Dove andavano a giocare i bambini? *Il mare.*
   6. Cosa facevano sulla «montagna»? *Spesso noi salivamo sulla m...*
   7. Cosa vedevano dalla «montagna»?

7. Ora pensa a dove e come passavi le vacanze da bambino. Rispondi alle seguenti domande.

   1. Dove andavi? Descrivi il luogo. *Kyoto in Giappone.*
   2. Con chi andavi? *Mia amica.*
   3. Quando andavi?
   4. Quanto tempo rimanevi lì?
   5. Cosa facevi?
   6. Avevi degli amici?
   7. Ti ricordi qualcosa di speciale relativo alle tue vacanze (una festa, un'avventura, un incidente…)

Quando sei pronto, racconta come e dove passavi le vacanze da bambino a un tuo compagno.

9. Scrivi sul tuo quaderno come e dove passavi le vacanze da bambino.

10. Che cosa può essere…abbina le parole del mondo della natura con i loro possibili aggettivi.

___ isola	(A) mosso, calmo, profondo, agitato, blu…
_E_ montagna	(B) fitto, rado, sempreverde, selvaggio, buio…
___ sentiero	(C) grande, piccola, selvaggia…
___ mare	(D) coltivato, grande, piccolo…
___ fiume	(E) alta, bassa, pericolosa, bella, brutta…
___ bosco	(F) lungo, largo, profondo…
___ campo	(G) alto, basso, sempreverde…
___ albero	(H) lungo, corto, largo, stretto, tortuoso…

UNA PASSEGGIATA NEL BOSCO

Studente A

Fai le seguenti domande al tuo compagno. Prendi appunti su quello che ti dice.

Chiudi gli occhi e immagina di camminare in un bosco. Com'è il bosco?

_____

_____

C'è un sentiero? Se sì, com'è fatto? Se no, come cammini nel bosco?

_____

_____

All'improvviso vedi una montagna. Descrivila.

_____

_____

Giri intorno alla montagna e vedi un campo. Com'è?

_____

_____

Interrompi la storia. Adesso devi rispondere alle domande che ti fa il tuo compagno. Quando tutti e due avrete finito, leggi l'interpretazione qui sotto e usala per spiegare al tuo compagno le sue risposte. Il tuo compagno è d'accordo con quello che hai detto?

> Interpretazione
>
> Il **bosco** è la vita: la tua descrizione è come vedi la vita in generale.
>
> Se tu vedi un **sentiero**, pensi di dovere vivere la tua vita in un modo specifico. Se tu non vedi un sentiero, pensi di dovere vivere la tua vita liberamente.
>
> La **montagna** rappresenta i problemi che incontri nella vita. Se è molto grande, significa che tu esageri i problemi e vedi tutto più difficile di quello che è in realtà.
>
> Il **campo** rappresenta l'amicizia e come la «coltivi».

Adesso ascolta l'interpretazione del tuo compagno. Sei d'accordo con quello che dice?

UNA PASSEGGIATA NEL BOSCO

Studente B

Ascolta il tuo compagno che ti racconta una storia e prende appunti su quello che tu dici. Dì esattamente quello che pensi. Quando il tuo compagno ha finito, continua tu a raccontare la storia. Fai al tuo compagno le seguenti domande e prendi appunti su quello che ti dice.

Chiudi gli occhi e immagina di camminare anche tu in un bosco. All'improvviso arrivi davanti a un fiume che ti blocca la strada. Com'è? Come lo attraversi?

_____

_____

Quando lo hai attraversato, vedi un prato con un albero. Che albero è? Com'è?

_____

_____

Continui a camminare e arrivi alla fine del bosco. Davanti a te c'è il mare. Com'è?

_____

_____

A qualche chilometro dalla costa vedi un'isola. Com'è? Vuoi andare a esplorarla?

_____

_____

Questa è la fine della storia. Adesso ascolta l'interpretazione del tuo compagno. Che cosa ne pensi? Sei d'accordo? Leggi l'interpretazione qui sotto e usala per spiegare al tuo compagno le sue risposte.

Interpretazione

Il **fiume** rappresenta le tue emozioni. Se è largo e pieno di acqua, sei molto emotivo. Il modo in cui lo attraversi mostra quanto sei impulsivo.

L'**albero** rappresenta l'amore in questo momento della tua vita. È bello e pieno di frutti oppure senza foglie?

Il **mare** mostra se sei ottimista o pessimista. È calmo (ottimista) oppure mosso (pessimista)?

L'**isola** rappresenta il tuo futuro. Vorresti esplorarlo oppure non ti interessa?

Il tuo compagno è d'accordo con quello che hai detto?

12. **Completa il seguente cruciverba.** Nella colonna verticale potrai leggere il nome di un parco naturale toscano.

1. — — ☐ — — — — —
2. — ☐ — — — —
3. — — — — ☐ — — — — — —
4. ☐ — — — —
5. — ☐ — — —
6. — — — — — ☐ —
7. — ☐ — —
8. — — — ☐ —
9. — — — — ☐ — — —
10. — — — — ☐ — —
11. — — — — ☐ — — —
12. ☐ — — — —
13. — — — — ☐
14. — — — — ☐
15. — — — — ☐ —
16. — ☐ — — — — —
17. — — ☐ — — — — —
18. — ☐ — —

1. È l'albero tipico dei viali sulle colline toscane
2. È il materiale che forma la spiaggia
3. È l'aggettivo che si usa per una pianta che non cambia mai colore
4. È la linea che divide la terra dal mare
5. Molti alberi insieme
6. È un aggettivo che si usa per descrivere il mare
7. È una cosa bianca e molto fredda che si trova sulle montagne d'inverno
8. La sardegna è un'__
9. È il nome di una casa di campagna
10. Quella padana è 46.000 Km2
11. È il verbo che si usa in inverno quando tutto diventa bianco
12. È l'aggettivo opposto di freddo
13. Il po è il __ più lungo d'italia
14. Se al mare non c'è la spiaggia ci sono gli __
15. Può essere bianca, grigia e si trova in cielo
16. È il verbo dell'acqua che scende dal cielo
17. È una piccola strada di montagna che si fa a piedi
18. Il mediterraneo è un __

L'italiano di tutti i giorni

CHE TEMPO FA?

c'è la nebbia   piove   nevica

tira vento   è nuvoloso / ci sono le nuvole   è caldo / fa caldo

è freddo / fa freddo   è sereno   c'è un temporale

UNITÀ DIECI

Viaggi e turismo

VIAGGI E TURISMO

Qui vedi alcuni vocaboli relativi al tema del viaggio: che cosa ti suggeriscono?
Completa lo schema.

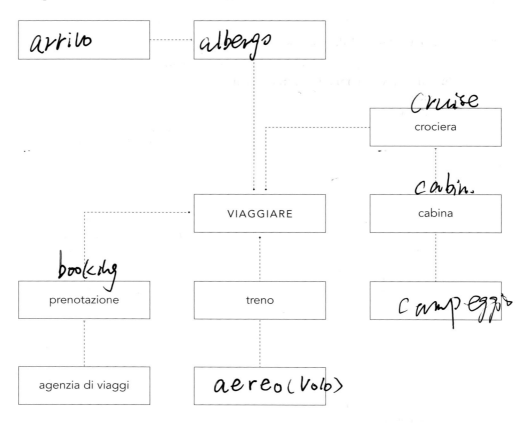

1. Leggi i vocaboli con il tuo compagno e poi scrivine altri che ti vengono in mente

partenza	viaggio	organizzato
campeggio	crociera	vacanza
arrivo	agenzia di viaggi	passaporto
prenotazione	cabina	albergo
valigia	treno	museo
volo		

_____   _____   _____
_____   _____   _____
_____   _____   _____
_____   _____   _____

DI RITORNO DALLE VACANZE

MONICA   Ciao, Luisa, come sei abbronzata! Stai benissimo!

LUISA   Lo credo, sono appena tornata dalle **vacanze** e vorrei ripartire immediatamente.

MONICA   Raccontami un po', dove sei stata di bello?

LUISA   In Scandinavia. Per la prima volta in vita mia ho deciso di **fare una crociera**. In realtà i programmi iniziali erano completamente diversi: pensavo di fare un bel viaggio in Egitto, al caldo, tranquillo… Avevo già fatto **le valigie**, preparato **il passaporto** e tutto il resto, ma poi ci sono stati dei problemi con il **volo aereo** e ho dovuto cambiare i miei piani. Sono andata all'**agenzia di viaggi** e ho prenotato una **cabina** di prima classe per il giro delle capitali del Nord Europa.

MONICA   Ma dai! Lo sai che io non sono mai andata in crociera. Non è un po' noioso stare tutto quel tempo su una nave?

LUISA   Mah no, sai, in realtà no! Anch'io, prima della partenza avevo paura di annoiarmi, poi, invece, mi sono resa conto che non era così male. I **viaggi organizzati**, in fondo, sono molto rilassanti. Fra l'altro c'erano tante persone giovani, così mi sono davvero divertita, anche sulla nave. E tu, invece, che cosa hai fatto quest'estate?

MONICA   È buffo ma anch'io quest'anno ho deciso di fare qualcosa di un po' diverso. Di solito andavo al mare in un **appartamento in affitto**, ma questa volta i miei amici mi hanno convinto ad andare in **campeggio** in Grecia. È stato divertentissimo: **la tenda** era microscopica, ma la spiaggia era fantastica e il mare veramente meraviglioso. Abbiamo fatto dei bagni lunghissimi, stupende passeggiate in riva al mare e la sera andavamo sempre fuori per assaggiare le specialità della cucina greca. Ci siamo rilassati e ho fatto un sacco di fotografie.

LUISA   Che bello! Allora perché non ci vediamo una di queste sere? Anch'io ho fatto dei filmini con la mia videocamera nuova.

MONICA   Volentieri. Per me va bene anche stasera. Ti aspetto da me verso le otto?

LUISA   Ma sì, perfetto, alle otto arrivo.

3. Rispondi alle domande.

1. Dove ha passato le vacanze Luisa?   *In Scandinavia.*
2. Che tipo di viaggio ha fatto?
3. Ha prenotato una cabina economica?   *Non, una cabina di prima classe.*
4. Perché Luisa non è andata in Egitto?
5. Perché quest'anno le vacanze di Monica sono state diverse?
6. Dove ha dormito?
7. Che cosa ha fatto Monica in Grecia?
8. Che cosa fanno le due amiche stasera?

negli S.U.   *nella mia famiglia*

4. Adesso pensa ad una vacanza che hai fatto recentemente.

   1. Dove sei andato?   *Kyoto in Japan*
   2. Con quale mezzo sei andato?   *Volo*
   3. Con chi sei andato?   *Con mia amica*
   4. Dove alloggiavi durante il soggiorno?   *In albergo* *contemporance di kyoto.*
   5. Che cosa hai visto?   *museo d'arte Contemporance di kyoto.*
   6. Che cosa facevi durante il giorno?   *ho visito mtti santuari*   *bellezze*
   7. Hai visto qualcosa che ti ha colpito particolarmente?   *c'e una santurio di bella*
   8. Ti è piaciuta la tua vacanza? Perché?   *se bevi l'acqua nella*   *fortuna*
      Sì, mi piache   *li*
      Sarà bello.

5. Adesso rivolgi le stesse domande ad un tuo compagno e ascolta il racconto della sua vacanza.

6. Scrivi un breve testo su un dettaglio divertente della tua vacanza.

   _____
   _____
   _____
   _____

7. Scrivi la parola corrispondente alla definizione.

   1. Il contenitore dove puoi mettere i vestiti quando viaggi.   *luggage*   *bagaglio*
   2. Il documento necessario per viaggiare.   *passport*   *passaporto*
   3. Un «albergo» in mezzo alla natura.   *hostel*   *campeggio*
   4. La «camera da letto» sulla nave.   *cabin*   *cabina*
   5. L'ufficio che fissa i biglietti e gli alberghi.   *agenzia di viaggi*
   6. Una vacanza in nave.   *cruise*   *crociera*
   7. Il contrario di «arrivo».   *partenza*
   8. È necessario farla per avere i posti assicurati.   *prenotazione*

8. Dove siamo?

aeroporto   ristorante   albergo   check in   biglietteria ferroviaria
treno   museo   stazione   deposito bagagli

1. «Vorrei un biglietto di andata e ritorno per l'Eurostar delle 9.30 per Venezia Mestre.» *biglietteria ferroviaria.*

2. «Ha del bagaglio a mano?» – «Sì, solo questo zaino.» *deposito bagagli check in*

3. «Buonasera. Ho una camera doppia prenotata a nome Carbini.» *check in*

4. «Buongiorno. Biglietti, prego.» *treno*

5. «Un biglietto intero e uno ridotto per studenti, per favore.» *museo   biglietteria ferroviaria.*

6. «I passeggeri del volo AZ 435 per Bilbao sono pregati di recarsi all'uscita di imbarco numero 8.» *aeroporto*

7. «Intercity Michelangelo delle 10.51 proveniente da Roma arriverà al binario 10 anziché al binario 12. Prosegue per Brennero e Monaco.» *treno stazione*

8. «Un tavolo per due, per favore.» *ristorante*

9. «È possibile lasciare qui il bagaglio fino a stasera?» *albergo deposito bagagli*

9. Leggi queste espressioni relative al viaggio e inseriscile in una delle tre colonne.

sviluppare le fotografie
assaggiare i piatti tipici
fare le valigie *suitcases*
degustare i vini locali
prendere il passaporto
ricominciare a lavorare
portare il gatto da un amico *cat*

prenotare i biglietti
disfare le valigie
fare fotografie
comprare i souvenir
salutare gli amici
lavare i vestiti

rilassarsi *to chill out*
fissare il volo aereo
visitare i musei
divertirsi
chiudere il gas
mostrare le fotografie agli amici

azioni che si fanno prima del viaggio	azioni che si fanno durante il viaggio	azioni che si fanno dopo il viaggio
assaggiare i piatti tipici	*fare fotografie*	
degustare i vini locali	*sviluppare le fotografie*	
	mostrare le fotografie agli amici	

10. Abbina le parole alle immagini.

- 4 deserto
- 3 metropoli
- 5 città d'arte
- 2 spiaggia
- 1 luogo archeologico
- 8 colline toscane
- 7 paesaggio polare
- 6 montagna

 1

 2

 3

 4

 5

 6

 7

 8

11. **Descrivi le immagini.** In quali di questi luoghi ti piacerebbe passare una vacanza? Perché? Scegli gli aggettivi più adatti a descrivere la vacanza in ognuno dei luoghi presentati nelle foto.

rilassante	rigenerante	culturale	divertente	ecologica	romantica
noiosa	monotona	sportiva	stressante	faticosa	interessante
stimolante	ideale	varia	originale		

Venecia

mi piac

Voglio passare una vacanza in Venecia. Quella città è Construita sull'acqua. Voglio alimentare, saint mark's Basilica. e visitare. Rialto Bridge. Vivirò in albergo o Airbnb. poi andrò a Milano in treno. Voglio andare Galleria Vittorio Emanuele 22 e fare spase a li- aereo. il piccione davanti.

CHE BELLO VIAGGIARE!

Giorgio

Faccio il rappresentante per una ditta di computer e passo molto del mio tempo in macchina girando per tutta l'Italia. Mi piace perché è un lavoro stimolante e incontro molte persone interessanti, però quando sono libero voglio solo rilassarmi, restare nella mia città, calmo e tranquillo, con i miei amici e la mia famiglia. Non amo molto viaggiare e le poche volte che lo faccio ho subito voglia di ritornare a casa: in fondo sono un « pantofolaio »!

Alessandro

Mi piace moltissimo viaggiare: come premio per la mia laurea ho fatto un lungo viaggio in India, un posto affascinante sia per il paesaggio che per la gente. Quando sono in viaggio mi piace molto parlare con le persone che incontro: parlare sul treno, per la strada, nei negozi. Sono un tipo molto socievole e curioso. Preferisco entrare in contatto con la gente che vedere monumenti famosi; è proprio questo che mi arricchisce culturalmente. Il viaggio per me comincia molti giorni prima della partenza vera e propria: mi piace prepararmi leggendo libri sulla storia e la geografia del paese che visito. Voglio conoscere culture diverse e nuovi stili di vita.

Alessia

Adoro fare viaggi. Per me viaggiare significa soprattutto divertirsi. Appena ho un po' di ferie e un po' di soldi parto, da sola o con amici. Mi piace andare al mare, fare delle belle nuotate e prendere il sole sulla spiaggia. Non voglio avere orari fissi quando sono in vacanza: esco tutte le sere e la mattina dormo fino a tardi.

Giovanna

Per me viaggiare è visitare quello che rimane del passato, i monumenti, le città antiche: sono le nostre origini e la nostra storia e penso che sia importante conoscerle. Di solito organizzo da sola l'itinerario del mio viaggio; non amo fare viaggi organizzati proprio perché ho bisogno di avere tutto il tempo che voglio per visitare i musei, le chiese e per sentire l'atmosfera del luogo in cui sono.

Rispondi alle domande.

1. Perché Giorgio ama fare una vacanza tranquilla?
2. Che tipo di viaggio piace a Alessandro?
3. Come è la giornata di Alessia quando è in vacanza?
4. Perché a Giovanna non piacciono i viaggi organizzati?

12. Rispondi a queste domande e poi rivolgile a un tuo compagno.

    1. Ti piace viaggiare?

    2. Preferisci viaggiare da solo, con amici o con un viaggio organizzato?

    3. Secondo te è importante vedere posti nuovi e conoscere culture diverse?

    4. Che cosa ti piace fare quando sei in vacanza?

    5. Prima di partire ti prepari leggendo libri sulla storia e la geografia del paese che visiti?

    6. Quando sei sul posto cerchi di entrare in contatto con le persone che vi abitano?

    7. Quando sei in vacanza hai nostalgia del tuo paese? Che cosa ti manca di più?

13. **Adesso ritorna al testo della pagina precedente.** Secondo te qual è la vacanza ideale per Giorgio, Alessandro, Alessia e Giovanna? Perché?

	destinazione	tipo di trasporto	alloggio
Giorgio	_____	_____	_____
Alessandro	_____	_____	_____
Alessia	_____	_____	_____
Giovanna	_____	_____	_____

14. **In viaggio.** Leggi i vocaboli che seguono. Sono parole relative al viaggio. Se non ne conosci alcune, cercale sul vocabolario e poi inseriscile nel diagramma

biglietto	albergo	tenda	
macchina fotografica	pensione	treno	
video camera	aereoplano	passaporto	
visto	campeggio	scarpe comode	
agriturismo	nave	valigia	
patente	ostello	barca a vela	
zaino	guida turistica	bungalow	

documenti	accessori	transporti	alloggi
_____	_____	_____	_____
_____	_____	_____	_____
_____	_____	_____	_____
_____	_____	_____	_____
_____	_____	_____	_____

Conosci L'Italia

Leggi il testo e completalo con le parole date. **Attenzione! C'è una parola in più.**

voli	prenotare	camminare	affittare un appartamento
turismo	trascorrere	estero	agenzie di viaggio
rilassarsi	fare le valigie		

FINALMENTE ESTATE!

In Italia il mese delle vacanze è agosto; molte industrie, negozi e uffici chiudono
e gli italiani vanno in vacanza per _____ e per cambiare aria. La
vacanza tradizionale degli italiani è al mare. Molti hanno una seconda casa sulla
costa e passano lì quasi tutto il mese. Altre persone invece preferiscono
_____ anche solo per quindici giorni. Di solito la vita al mare è
abbastanza ripetitiva: si fa il bagno, si prende il sole e si incontrano gli amici la
sera, al bar o in un cinema all'aperto. La montagna o il lago rappresentano
sicuramente una buona alternativa. Le persone che amano _____
hanno infatti la possibilità di fare lunghe passeggiate nei boschi e sui monti a
contatto con la natura. Da qualche anno però, gli italiani fanno vacanze più brevi
ma più stimolanti. Molti amano viaggiare, visitare nuove città d'arte e conoscere
nuove culture e tradizioni. Molte famiglie si rivolgono alle _____ per
organizzare la vacanza, specialmente quando vogliono andare all'_____ ,
e l'agenzia si occupa di _____ il biglietto, fissare i _____
aerei, trovare gli alberghi ecc. Anche le vacanze "avventurose" hanno grande
successo, specialmente tra i giovani. Ci sono agenzie che offrono safari in Africa
e trekking per tutti i gusti e tutte le età. Molti giovani amano le vacanze in
campeggio, un modo economico e divertente per vivere a contatto con la natura.
Negli ultimi anni, poi, si è molto diffuso il _____ enogastronomico
che consiste nel visitare paesi diversi assaggiando i piatti tipici e i vini locali.
Al mare, in montagna o in mezzo alla foresta equatoriale, la cosa più importante
è comunque _____ e partire, vedere paesi nuovi, vivere nuove
esperienze da ricordare con gli amici nei lunghi mesi invernali.

Rispondi alle domande.

1. In quale mese vanno in vacanza gli italiani?
2. Dove passano le vacanze, tradizionalmente?
3. Che cosa fanno i turisti che vanno in montagna?
4. Chi sono i turisti che preferiscono le vacanze «avventurose»?
5. Che cosa è il turismo enogastronomico?

Gli animali

ALLA SCOPERTA DELLA FAUNA DEL MONDO

Stanchi delle solite gite « fuori porta »? Avete bisogno di un'idea per passare una giornata in allegria? Perché non andate alla scoperta della natura? Ecco tre destinazioni insolite, ma assolutamente imperdibili.

L'acquario di Genova
Se vi piace il mare e volete fare un affascinante viaggio nel mondo marino, sicuramente l'acquario di Genova fa per voi. Andate alla scoperta delle forme di vita più strane del mondo. Scoprite quali e quanti sono i mostri degli abissi e passate una giornata in compagnia di **foche**, **delfini**, **squali**, **pinguini**, **tartarughe marine** e di **pesci** di tutti i colori e di tutte le forme. Tutti questi animali vivono in una vasca dove è stata ricostruita una barriera corallina.

Lo zoo di Pistoia
Se volete conoscere la fauna del mondo, il giardino zoologico di Pistoia è certamente un luogo da visitare. Lo zoo è stato costruito nel 1970 e da oltre 35 anni affascina grandi e piccini. Si possono ammirare varie specie animali, tra cui **giraffe**, **elefanti**, **orsi**, **serpenti** di tutti i tipi, **scimmie**, **leoni**, e anche vari **uccelli** provenienti da tutte le parti del mondo. Il giardino zoologico di Pistoia lavora attivamente alla conservazione di numerose specie in via di estinzione.

Il parco naturale delle foreste Casentinesi
Questo parco naturale, fra Toscana ed Emilia Romagna, offre dei paesaggi molto suggestivi e molti sentieri dove è possibile camminare da soli o in compagnia. I sentieri sono percorribili sia a piedi che in bicicletta. Camminando o pedalando nella natura, si possono vedere **cervi**, **caprioli**, **lupi**, **volpi**, **cinghiali**, uccelli di vari tipi, e rettili, come la vipera e le **lucertole**. La fauna è protetta e non deve essere disturbata.

1. Rispondi alle domande.

   1. Dove si trova l'acquario? _____

   2. Cosa si può scoprire dei mostri degli abissi? _____

   3. Dove si trova lo zoo? _____

   4. Su cosa sta lavorando attivamente il giardino zoologico? _____

   5. Dove si trova il parco naturale? _____

   6. È possibile visitare il parco in bicicletta? _____

2. Scrivi il nome degli animali sotto a ciascuna figura (i nomi sono in grassetto nel testo).

3. Guarda la seguente figura e memorizza i nomi delle parti del corpo degli animali.

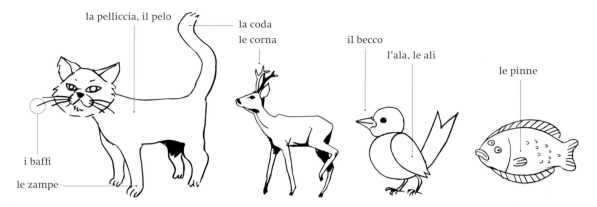

la pelliccia, il pelo

la coda

le corna

il becco

l'ala, le ali

le pinne

i baffi

le zampe

4. Nelle pagine precedenti sono descritti alcuni luoghi dove fare una gita. Parla con un tuo compagno: quale destinazione ti piace e perché? Quali animali che vivono in questi luoghi vi piacciono e perché?

5. In un paragrafo di 50–70 parole descrivi il tuo animale preferito. Non scrivere il suo nome. Adesso leggi il paragrafo alla classe. I tuoi compagni hanno indovinato di che animale si tratta?

_____

_____

_____

_____

_____

_____

_____

_____

_____

_____

_____

_____

_____

_____

_____

_____

_____

6. Completa il brano con una delle parole della lista, come nell'esempio.
   Attenzione! C'è una parola in più.

estinzione	gente	orso	pericolo	persone	proteggere
quantità	riserve	specie	vivere	tartarughe	

Nel mondo ci sono molti animali in pericolo di _____*estinzione*_____ , come per esempio gli elefanti, i panda, le tigri. Tutti conoscono il pericolo che corrono questi animali perché è molto pubblicizzato. Molta _____ non sa, invece, che ci sono anche animali meno famosi che sono in grave pericolo. In Italia, per esempio, ci sono moltissime _____ che hanno bisogno di protezione. Per questo motivo, sono state create delle _____ e dei parchi naturali dove questi animali sono in grado di _____ senza problemi.

Un parco naturale fra i più famosi e belli d'Italia è il Parco del Gran Sasso, che si trova in Abruzzo. In questo parco, che è grandissimo, si trovano molte specie in _____ di estinzione, come l'_____ bruno. Sulle Alpi, si cerca di _____ anche la flora tipica, specialmente le stelle alpine, le genziane e i rododendri. In Toscana si trova il Parco Naturale della Maremma. Qui ci sono intere famiglie di cinghiali e cervi, _____ marine e una grande _____ di uccelli.

7. Scrivi una lettera al WWF e parla dei problemi che gli animali hanno nel tuo paese. Scrivi quali sono le tue opinioni e cosa si potrebbe fare per salvarli.

8. **Ora pensa a un'avventura che hai vissuto con un animale.** Rispondi alle seguenti domande.

    1. Quando è successo?
    2. Cosa è successo?
    3. Hai avuto paura?
    4. Che tipo di animale era?
    5. Descrivi l'animale.
    6. Eri contento? Eri triste? Eri arrabbiato?
    7. C'erano altre persone oppure eri da solo?
    8. Ti è piaciuta questa esperienza? Perché?

9. **Risolvi il seguente cruciverba.** Nella colonna verticale potrai leggere il
   nome con cui gli italiani chiamano cani, gatti e criceti.

```
 1.                        __ ☐ __ __ __
 2.                  __ __ __ ☐ __ __ __
 3.                     __ ☐ __ __ __ __ __ __
 4.                        ☐ __ __ __ __ __
 5.                     __ ☐ __ __ __ __ __
 6.               __ __ __ __ ☐ __ __ __
 7.                     __ ☐ __ __ __ __
 8.   __ __ __ __ __     __ __ __ ☐ __ __ __ __
 9.                  __ __ __ ☐
10.                  __ __ ☐ __ __ __ __ __ __
11.                  __ __ __ ☐ __ __ __ __
12.            __ __ __ __ __ ☐ __ __
13.         __ __ __ __ __ __ ☐
14.                        ☐ __ __
15.   __ __ __ __ __ __ __ ☐
16.                        ☐ __ __ __ __ __
17.                        ☐ __ __ __ __ __ __ __ __
18.                  __ __ ☐ __ __ __
```

1. I gatti li hanno molto lunghi e sensibili.
2. I gorilla e gli oranghi sono dei tipi di __ .
3. È un animale tipico italiano. Vive nei boschi ed è simile a un maiale.
4. È un animale con grandi corna che abita nel bosco in italia.
5. È un animale con il collo molto lungo.
6. È un animale con il naso molto lungo.
7. È un tipo di pesce molto aggressivo.
8. È una riserva per gli animali.
9. È una parte del corpo degli animali che i cani usano quando sono contenti.
10. Alcuni animali sono in pericolo di __ .
11. È un animale molto lento che porta sempre con sé la sua casa.
12. È un luogo artificiale dove stanno molti pesci e creature marine.
13. È un mammifero che abita nel mare ed è molto intelligente.
14. È un luogo artificiale dove abitano animali di tutto il mondo.
15. È la parte del corpo che veste gli animali (come i gatti, le volpi…)
16. All'acquario si possono vedere molte tartarughe __ .
17. È quello che si fa quando un animale è in pericolo (verbo).
18. Animali che sono uguali, fanno parte della stessa __ .

L'italiano di tutti i giorni

Nella lingua italiana colloquiale si usano moltissime espressioni idiomatiche.
Molte di queste sono relative agli animali. Completa le seguenti frasi con il nome
di un animale, come nell'esempio.

1. Marcello canta malissimo. Canta proprio da _____*cani*_____ !

2. Luca è una persona solitaria. È proprio un _____ .

3. Lucia non parla mai! È muta come un_____ .

4. Non prende mai una decisione da solo. È proprio una _____ .

5. Sei un codardo! Sei un_____ !

6. Giorgio è furbo come una _____ .

7. Ho proprio una fame da_____ ! Quando si mangia?

8. Sbrigati! Sei sempre la solita _____ .

9. Quella signora è stupida. È proprio un'_____ .

10. Sei proprio forte come un _____ .

11. Luigi a scuola non va molto bene. È un_____ .

Conosci L'Italia

COME PARLANO GLI ANIMALI!

Gli animali parlano una loro lingua in tutto il mondo. Unisci un suono della colonna di sinistra con l'animale che lo produce della colonna di sinistra.

___ chicchirichì (cantare)

___ bau bau (abbaiare)

___ muuuu (muggire)

___ pio pio (pigolare)

___ miao (miagolare)

___ coccodè

___ iioo iioo (ragliare)

___ iiiiiiiiii (nitrire)

___ cip cip (cinguettare)

___ beeeee (belare)

(1)

(2)

(3)

(4)

(5)

(6)

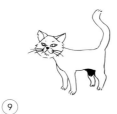
(7)

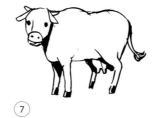
(8)

(9)

(10)

10. **Facciamo un test psicologico!** Segui le istruzioni qui sotto e poi leggi il risultato alla fine di questa unità.

    1. Scrivi il nome del tuo animale preferito e scrivi anche 3 aggettivi che lo descrivono.

       _____   _____

                                                                                _____

                                                                                _____

    2. Scrivi il nome dell'animale che non ti piace per niente e 3 aggettivi che lo descrivono.

       _____   _____

                                                                                _____

                                                                                _____

    3. Scrivi il nome di un altro animale che ti piace e 3 aggettivi che lo descrivono.

       _____   _____

                                                                                _____

                                                                                _____

11. Leggi la seguente favola di Esopo.

IL LEONE E LA LEPRE

Un leone trova una lepre addormentata e si prepara a divorarla, quando vede passare un cervo. Decide allora di lasciare la lepre e correre dietro al cervo per mangiarlo. La lepre, svegliata dalla confusione, scappa via. Dopo una lunga corsa, il leone capisce che non può prendere il cervo e così, esausto, torna dove era la lepre. Sfortunatamente la lepre non è più là.

La morale della favola è: *chi troppo vuole, nulla stringe.*

12. Abbina le due parti dei proverbi, come nell'esempio.

    _C_ Chi troppo vuole,   (A) fa la forza

    ___ Chi la fa,   (B) l'aspetti

    ___ Chi fa da sé,   (C) nulla stringe

    ___ L'unione   (D) fa per tre

13. Con un compagno inventa una favola dove sono protagonisti gli animali per illustrare uno dei proverbi dell'esercizio precedente.

_____

_____

_____

_____

_____

_____

_____

_____

_____

_____

_____

14. **Metti gli animali della seguente lista nel gruppo secondo te più adatto.**
Cerca i nomi che non conosci sul tuo dizionario.

rinoceronte	piccione	pesce rosso	foca	mucca	pecora
leone	aquila	tartaruga	cervo	giraffa	elefante
squalo	gallina	anatra	oca	orso	maiale
coniglio	pappagallo	pinguino	mulo	asino	leopardo
cavallo	gazzella	ghepardo	balena	lupo	cane
gatto	criceto	serpente	scimmia	cinghiale	capriolo
capra	gorilla	lepre	delfino	topo	

animali della fattoria	amici a quattro zampe	animali dell'acqua	animali dell'aria	animali del bosco	animali della giungla e della savana

15. Adesso dividi gli animali dell'esercizio precedente in altri quattro gruppi, per esempio: grandi – piccoli; domestici – selvaggi; ecc.

16. Crea un alfabeto degli animali, con un animale per ogni singola lettera. Aiutati con il dizionario.

A _____	H _____	Q _____
B _____	I _____	R _____
C _____	L _____	S _____
D _____	M _____	T _____
E _____	N _____	U _____
F _____	O _____	V _____
G _____	P _____	Z _____

Risultati test psicologico

A Il primo animale è come ti piacerebbe essere e i 3 aggettivi descrivono come vorresti essere.

B Il secondo animale rappresenta le persone che non ti piacciono e le caratteristiche che non ti piacciono in loro.

C Il terzo animale è come sei veramente e gli aggettivi che ti descrivono.

Il corpo umano

1. _____
2. _____
3. _____
4. _____
5. _____
6. _____
7. _____
8. _____
9. _____
10. _____
11. _____
12. _____
13. _____
14. _____
15. _____
16. _____
17. _____
18. _____
19. _____
20. _____
21. _____
22. _____
23. _____
24. _____
25. _____
26. _____
27. _____

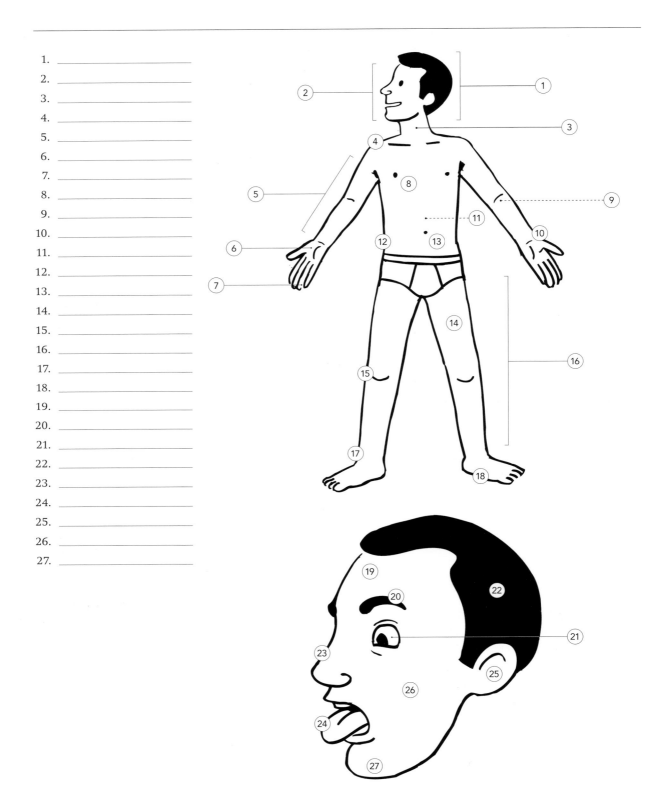

1. **Espressioni idiomatiche.** Nella lingua italiana ci sono moltissime espressioni idiomatiche, modi di dire. Le varie parti del corpo sono spesso usate come elementi di queste espressioni. Qui ce ne sono due serie esemplificative. Ricostruisci le espressioni con la parte del corpo mancante (attenzione al numero di riferimento!) e collegale con il significato corretto.

<u>D</u> 1. È una persona con **la** __ __ __ __ __ **sulle** __ __ __ __ __ __ e non lascerebbe mai il suo lavoro per cercare di diventare una star di Hollywood (1,4)

___ 2. Ehi! Mi hai fatto cadere e non mi chiedi neanche scusa!? Hai proprio una bella __ __ __ __ __ __ **di bronzo!** (2)

___ 3. Il dottor Panzacchi è sempre così gentile e rilassato. E' veramente **alla** __ __ __ __ __ **!** (6)

___ 4. La professoressa Sarti è un'insegnante **di** __ __ __ __ __ : i suoi studenti sono sempre molto disciplinati (10)

___ 5. Quando parli della disoccupazione giovanile, metti proprio **il** __ __ __ __ **sulla piaga** per i problemi sociali in Italia. (7)

___ 6. Bin Laden è il capo di Al Qaeda, ma Al Zawahiri è il suo __ __ __ __ __ __ **destro.** (5)

___ 7. Ieri sera ho davvero alzato **il** __ __ __ __ __ __ **!** Oggi non mi ricordo più niente. (9)

(A) È una persona che sa essere ferma e imporre il proprio punto di vista.

(B) Tocchi il punto, doloroso, del problema.

(C) È una persona con cui si parla e si sta bene, non formale e non «difficile».

(D) È una persona concreta e responsabile.

(E) È il suo aiutante, quello che prende il suo posto quando non c'è.

(F) Ho bevuto molto, mi sono ubriacato.

(G) Sei una persona che non si vergogna di niente.

<u>E</u> 1. All'inizio la squadra vinceva sempre, poi la fortuna le ha voltato **la** __ __ __ __ __ __ __ (11)

___ 2. Alessandro partecipa ai campionati italiani di nuoto e studia medicina con ottimi risultati: è veramente un ragazzo **in** __ __ __ __ __ . (16)

___ 3. Non sono un sognatore: sono uno con i __ __ __ __ __ **per terra** (18)

___ 4. Oggi mi hanno rubato 200 euro. Ho un **diavolo per** __ __ __ __ __ __ **!** (22)

___ 5. Quanto sarà grande questa stanza? A __ __ __ __ __ __ **e croce** 20 metri quadri (21)

___ 6. Questi sono fatti miei! Smettila di **ficcare il** __ __ __ __ dappertutto! (23)

___ 7. E' insopportabile: **mette** sempre **la** __ __ __ __ __ **in** fatti che non lo riguardano. (24)

(A) È una persona brava, valida.

(B) Sono arrabbiato da morire, sono furioso

(C) Calcolando approssimativamente.

(D) Non ti occupare degli affari privati degli altri, non essere troppo curioso.

(E) Non ha dato più il suo appoggio e aiuto.

(F) Vuole sempre esprimere la propria opinione, anche in questioni non sue

(G) Sono una persona pratica, concreta.

ESPRESSIONI IDIOMATICHE «IN CONFUSIONE»

2. **Ritrovi qui alcune delle espressioni che hai visto prima.** Le espressioni
   hanno l'ordine delle parole confuso. Prima rimettile in ordine, poi inseriscile
   nell'esercizio, naturalmente al posto giusto!

   1. spalle testa sulle   _____

   2. ho per diavolo un capello   _____

   3. terra per i piedi   _____

   4. gamba in una ragazza   _____

   5. naso il ficca   _____

   6. bocca mette   _____

   7. bronzo di faccia   _____

   8. il avevi gomito alzato   _____

   9. destro braccio   _____

   10. il piaga sulla dito   _____

3.

GIULIA	Che peccato! Hai lasciato Luisa! Ma perché? È una così brava ragazza. Carina, intelligente con la _____ !	
MAURIZIO	Sì, sarà per quello. Forse è troppo seria e responsabile. Io ho bisogno di una persona che sia anche un po' pazza, che mi stimoli e mi sorprenda: una persona capace di sognare. Non una sempre con _____ .	
GIULIA	E l'hai lasciata per questo?	
MAURIZIO	Beh, poi diciamo la verità: ha anche un altro paio di caratteristiche che proprio non sopporto. Non si fa mai i fatti suoi, _____ dappertutto ed è anche un po' presuntuosa: infatti ha sempre consigli non richiesti da dare e deve sempre _____ in questioni che non la riguardano.	
GIULIA	Non sembri molto dispiaciuto. Lei sta soffrendo per questa tua decisione!	
MAURIZIO	Beh, le passerà…	
GIULIA	Hai proprio il cuore di pietra. Dopo tutto quello che ha fatto per te!	
MAURIZIO	Che? Ho fatto più io per lei!	
GIULIA	Che _____ hai! Hai già dimenticato di quella sera che tu avevi beh… diciamo che _____ e avevi iniziato a litigare con i poliziotti? Se non era per lei eri ancora in prigione! Per non parlare del fatto che ti ha raccomandato al suo capo. Lui ti ha preso a lavorare con sé ed ora sei quasi il suo _____ nella ditta.	
MAURIZIO	Ahi! Ecco: il lavoro! Hai proprio messo _____ ! Lavoro, lavoro, lavoro! Per lei non esiste altro. Va bene, è brava, è _____ ma ci vuole anche un po' di improvvisazione nella vita, no?	
GIULIA	Basta, basta… non voglio più parlare con te. Perdo la calma a sentire certe cose. Prima ero tranquillissima e adesso _____ !	

4. Ed ora, per le situazioni che seguono, usa di nuovo le espressioni che hai imparato.

   1. Una ragazza brava in quello che fa, simpatica e onesta è _____ .

   2. La regina Elisabetta II deve essere molto formale. Non può essere _____ .

   3. L'avvocato oggi non c'è, ma posso decidere io perché sono il suo _____ .

   4. Basta con i politici che non hanno le idee chiare, che non prendono mai decisioni! Come presidente vogliamo un uomo _____ .

   5. Ho _____ ! Stamani prima ho perso il treno e poi mi hanno rubato lo zaino!

   6. Prima sono sempre tutti amici! Poi, nel momento del bisogno, tutti ti _____ .

   7. Non credo che Sergio sia giovanissimo. _____ avrà circa 40 anni.

   8. Quel calciatore ha fatto goal con la mano ma esulta come un pazzo. Mamma mia che _____ !

   9. Il mio psicologo ha capito tutto dei miei problemi. Mi ha domandato se da bambino avevo un buon rapporto con mio padre. Con quella domanda _____ .

   10. Ho un mal di testa! Ieri alla festa tutti noi _____ .

DAL DOTTORE

PINO   Dottore, sono proprio a pezzi! Questa volta mi sono ammalato seriamente.

DOTTORE   Mi dica: che cosa si sente?

PINO   Allora, prima di tutto dolori: ho mal di testa, mal di denti, mal di gola, mal di schiena, mal di stomaco e mal di pancia…

DOTTORE   Ah…soltanto?

PINO   Ho anche la tosse, il raffreddore (non faccio che starnutire) e credo di avere l'influenza con la febbre, ma la cosa peggiore è la schiena. Appena mi muovo, sento dolori acuti alla colonna vertebrale.

DOTTORE   Mmm…lungo tutta la spina dorsale?

PINO   Sì, proprio per tutta la lunghezza. Fino in alto: ho un torcicollo!

DOTTORE   Beh, però la sua postura è perfetta. Comunque le faccio una richiesta per una visita specialistica da un ortopedico e intanto può prendere questi antinfiammatori. Poi?

PINO   Mal di denti: mi fa male un molare…da morire! E ho tutta la guancia gonfia!

DOTTORE   Boh…io non vedo niente. Comunque, che ci posso fare? Vada da un dentista. Passiamo alla gola.

PINO	E' tutta infiammata, mi fa male ad inghiottire, ma anche a tossire, a starnutire e a sbadigliare!
DOTTORE	Eh, addirittura! E se respira? Non risponda, scherzavo. Faccia un po' vedere: apra la bocca e faccia « aaaaaaa »
PINO	Aaaaaaaaaaaaaaaaaaaaaaaaaaaaaaa…
DOTTORE	Beh, è un po' rossa, forse, ma io aspetterei prima di prendere gli antibiotici. Se poi dovesse peggiorare, glieli prescrivo. La testa?
PINO	Mmm…mi fanno male le tempie. Mi sembra che stiano per scoppiare.
DOTTORE	Per questo dovrebbero essere sufficienti gli antinfiammatori che le ho già prescritto per la schiena. Altre cose?
PINO	Mi fanno male lo stomaco e la pancia.
DOTTORE	Come…tutti e due? Allo stesso tempo?
PINO	Sì, ho la nausea da due giorni e forti dolori intestinali.
DOTTORE	Mi faccia sentire…
PINO	Ahi! Ahi!
DOTTORE	Ma se non l'ho neanche toccata! Vuol dire che le prescriverò anche queste pillole da prendere dopo i pasti. Finito?
PINO	Le sembra poco?
DOTTORE	No, se devo dire la verità, a me sembra che lei non stia male e che, tutt'al più, sia un po' ipocondriaco. Provi a pensare ad altro: vedrà che migliorerà subito! Guarirà istantaneamente!

5. Rispondi alle domande.

1. Pino ha mal di stomaco, mal di testa e…? _____
2. Dove sono localizzati i dolori alla schiena di Pino? _____
3. La colonna vertebrale si chiama anche… _____
4. Che cosa ha Pino di gonfio (forse) a causa del mal di denti?_____
5. Com'è la gola di Pino? _____
6. La gola gli fa male quando _____ , quando _____ ,

    quando _____ e quando _____ .
7. Il dottore gli prescriverà gli antibiotici solo se la gola… _____
8. In che parte della testa è localizzato il dolore di Pino? _____
9. In che modo a Pino fa male lo stomaco? _____
10. Se Pino riuscirà a pensare ad altro… _____

DOLORI

6. Ci sono solo 6 espressioni con «mal di…» in italiano, e corrispondono ai dolori
   e malesseri più comuni. Per gli altri si usa l'espressione «mi fa / fanno male…».
   Completa l'esercizio secondo i suggerimenti degli esempi.

Ho mal di testa.   Hai _____

Elena ha _____   Giorgio ha _____

Silvia ha _____   Luca ha _____

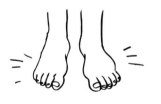

Mi fa male una mano.   *Le fanno male i piedi.*   Gli _____   Gli _____

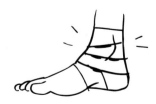

Ti _____   Le _____   Mi _____   Gli _____

7. **Come si dice?** Trova il vocabolo corrispondente alle definizioni.

   1. La mia gola è irritata, è arrossata, è I __ __ __ __ M __ __ __ A

   2. «Usare» l'aria per il nostro organismo. Attività indispensabile per la nostra vita: R __ __ __ __ __ __ __ E

   3. Mandare giù il cibo: I __ G H __ __ __ __ __ __ E

   4. Fare «etcì!» S __ __ __ __ __ __ __ __ E

   5. Spesso è un virus e viene con febbre, mal di gola, mal di stomaco, ecc… I __ F __ __ __ __ __ A .

   6. Dopo l'incidente la mia caviglia è più grossa, sembra una palla; è G __ N __ __ A

   7. Il contrario di P __ G G I __ R __ __ E è M __ __ __ __ __ __ __ __ E

   8. Il contrario di A M M __ __ __ R S I è G __ __ __ __ __ E

   9. Quando si fa spesso «etcì!» è perché si ha un bel R __ __ __ __ __ D D __ __ E

 10. Si fa «etcì!», ma quando la gola e le vie respiratorie sono irritate è frequente anche T __ S S __ __ E

 11. Quando sei su una nave con il mare grosso, hai mal di stomaco; hai la N __ __ __ __ A

 12. Le zone a lato della fronte, dove spesso è localizzato il mal di testa: le T __ __ __ __ E

Conosci L'Italia

BARBA E CAPELLI: COME LI PORTANO GLI ITALIANI

Si dice che gli italiani siano molto attenti a come si vestono; che abbiano molto senso estetico e che seguano molto la moda, magari con un po' di conformismo.

Quest'ultima caratteristica la conservano probabilmente anche per il modo di portare i **capelli** (1) e, per gli uomini, **i peli** (2) del viso: ad esempio **la barba** (3) e **baffi** (4).

In questo primo decennio del 21 esimo secolo i baffi sono un po' fuori moda, mentre **il pizzo** (5) lo si vede dappertutto. Abbastanza «trendy» sono anche **le basette** (6), specie se sottili, lavorate al rasoio. Qualcuno ha riscoperto **la «mosca»** (7) (cioè un piccolo ciuffo di peli sul mento) mentre le barbe lunghe e incolte sono decisamente alternative.

Per quanto riguarda i capelli, sempre più uomini nascondono un inizio di calvizie con tagli «a zero» (8). Oggi non solo gli estremisti di destra hanno i capelli rasati, ma anche rispettabilissimi impiegati di banca.

E le donne? Che dire? Continuano ad alternare acconciature e punti di colore come hanno sempre fatto: **capelli raccolti** (9), **capelli sciolti** (10), **con la frangia** (11), **le trecce** (12), **la coda** (13), ecc…

1,3,4. i capelli, la barba, i baffi

2. i peli

5. il pizzo

6. le basette

7. la «mosca»

8. i capelli tagliati a zero

9. i capelli raccolti

10. i capelli lunghi

11. la frangia

12. le trecce

13. la coda

VIENI AL CENTRO BENESSERE «IL FUSTO E LA PUPA»! DA NOI TROVERAI:

Ginnastica dolce, stretching e corpo libero – Esercizi ed attività per ritrovare il piacere di un corpo tonico e sano, senza ricercare la prestazione sportiva.

Body building – Esercizi con pesi, attrezzi e le macchine più moderne per modellare il tuo corpo e sviluppare la tua forza e resistenza muscolare.

Aerobica – Ginnastica per tonificare il tuo corpo, ma anche per dimagrire e riacquistare la tua linea divertendoti.

Troverai le più avanzate attrezzature ed il consiglio dei nostri espertissimi personal trainer.

«Il Fusto e la Pupa» è anche **solarium** (per un'abbronzatura perfetta), **centro estetico** (per la bellezza della tua pelle) e **centro acconciature** (per dei capelli al passo coi tempi).

AL «CENTRO BENESSERE»

GLORIA   Ehi, Cecilia! Guarda un po' questa pubblicità. Che dici? Quasi quasi ci vado. È da un po' di tempo che mi ripeto che devo perdere qualche chilo. Magari con l'aerobica è meno noioso. Vieni con me?

CECILIA   Mm…per la palestra direi di no. Non mi piace fare fatica e non ho voglia di stare due ore a saltare, fare piegamenti e sollevare pesi. Però credo che ci farò un pensierino lo stesso. L'idea della «lampada» non è male. Prima di andare al mare vorrei essere un po' abbronzata. Ed anche l'idea del centro estetico non mi dispiace: mi voglio far fare un bel massaggio e la manicure. Voglio delle belle unghie, finalmente! E poi hanno anche il parrucchiere!

GLORIA   Io prima di pensare alle unghie devo buttare giù 5 o 6 chili almeno. Sono ingrassata più del solito questo inverno. Poi fare aerobica è un po' come ballare, no?

CECILIA   Eh, eh…siamo veramente diverse: tu vai in palestra per sudare, io per rilassarmi! Ma in realtà tutte e due ci andiamo per farci più carine.

8. **E tu e i tuoi compagni?** Intervistane uno/a e prendi nota delle risposte.

    1. Vai spesso nei centri di fitness, nelle palestre e nei centri estetici?

       _____

    2. Che cosa ci vai a fare? Quali sono le tue attività preferite?

       _____

    3. Quanto è importante per te avere un corpo tonico e allenato?

      ☐ per niente   ☐ poco   ☐ abbastanza   ☐ molto

    4. Dal punto di vista estetico, per una donna consideri più importante

      ☐ la linea   ☐ le unghie   ☐ l'acconciatura   ☐ l'abbronzatura

    5. Che cosa dovrebbe fare una donna per mantenersi in forma?

       _____

    6. Ed un uomo?

       _____

    7. Un uomo per te sta meglio

      ☐ con il pizzo   ☐ con baffi e barba   ☐ rasato a zero   ☐ con i capelli lunghi

---

Conclusione

In base alle sue risposte il tuo compagno/la tua compagna ti sembra:

☐ Una persona con un fortissimo senso estetico.

☐ Una persona che cura il suo corpo.

☐ Una persona che non ha interesse ad essere bella.

9. **Parole, parole**... Trovi sotto una lista di parole. Inseriscile nella colonna a sinistra e collegale al/ai loro campi di appartenenza a destra.

> (A) Body building/aerobica/stretching
> (B) Centro estetico solarium
> (C) Barbiere/parruchiere

capelli sciolti	la frangia	le unghie	i baffi
il massaggio	i peli	l'abbronzatura	gli attrezzi
~~le attività~~	la palestra	sudare	le trecce
carine	i piegamenti	la pelle	dimagrire
~~tonificare~~	ingrassare	la coda	saltare
le basette	capelli raccolti	l'acconciatura	il pizzo

__A__   1. Cose che si fanno _____attività_____ .

___   2. Macchine per gli esercizi: _____ .

___   3. Ragazzi e ragazze con i capelli lunghi possono legarli e portare _____ .

___   4. Il colore dato dal sole alla pelle _____ .

___   5. Il posto per fare ginnastica _____ .

___   6. Perdere liquidi attraverso la pelle _____ .

___   7. I «capelli» che non sono sulla testa ma sul resto del corpo _____ .

___   8. Una manipolazione del corpo molto rilassante _____ .

___   9. Il modo con cui si portano i capelli _____ .

___   10. Un tipo di barba che lascia libere le guance _____ .

___   11. Alle estremità delle dita (qualche volta si colorano) _____ .

__A__   12. L'effetto che si ricerca con gli esercizi per i muscoli _____tonificare_____ .

___   13. Per farle, si dividono i capelli in tre parti _____ .

___   14. Non bellissime, graziose _____ .

___   15. Perdere peso _____ .

___   16. Acquistare peso _____ .

___   17. L'involucro del corpo _____ .

___   18. Solo pochi uomini li portano (sopra le labbra) _____ .

___   19. Staccarsi da terra per un secondo (o meno) _____ .

___   20. Se i capelli non sono sciolti, sono _____ .

___   21. Movimenti che portano la testa vicino ai piedi _____ .

___   22. Le hanno gli uomini (congiungono la barba ai capelli) _____ .

___   23. Se sciolgo i capelli raccolti, diventano _____ .

___   24. Le ragazze con i capelli tagliati diritti sopra gli occhi hanno _____ .

Feste e gastronomia regionali

FESTE E TRADIZIONI ITALIANE

1. Matteo Rossi, marito di Letizia e padre di un bimbo di 4 anni di nome Franco,
   scrive un'e-mail al fratello Lorenzo che lavora a New York da un paio d'anni.

---

matteo rossi

Da: "Matteo Rossi" <matteo.rossi@libero.it>
A: <lorenzo.rossi@virgilio.it>
Data invio: lunedì 4 gennaio 2006 ore 11.15
Oggetto: Feste natalizie

Caro Lorenzo,

come va? Mille grazie per il bel biglietto di auguri da New York. E' molto tempo che non ci sentiamo e ho tante cose da raccontarti. Comincerò dall'inizio e cioè...dal presepio!

Come sai, se c'è una cosa a cui non riesco a rinunciare nel periodo natalizio è proprio il presepio. Anche quest'anno sono salito in soffitta e ho preso la scatola verde con i personaggi, il muschio, la stella cometa e tutto il resto. Quando l'ho aperta però sono rimasto fulminato: mancava il Bambino Gesù!

Sono corso da Letizia, che stava preparando l'albero di Natale nel soggiorno, e ho chiesto spiegazioni. Anche lei è rimasta sorpresa. Il bel Bambino Gesù, che nonna Ines aveva comprato a Napoli tanti e tanti anni fa, era scomparso misteriosamente dalla scatola: ma dove era andato a finire? A un tratto mi è venuto un terribile sospetto. Sono entrato nella cameretta di Franco (pochi giorni fa ha compiuto 4 anni) e ho dato un'occhiata in giro. Il Bambino Gesù era sul suo comodino, accanto a un Tyrannosaurus Rex e una macchina della polizia... Che tenerezza, eh?

Naturalmente anche quest'anno abbiamo trascorso il Natale in famiglia (Natale con i tuoi, Pasqua con chi vuoi...). Eravamo in otto. Mancavi solo tu. La mamma ha preparato il consueto pranzo tradizionale: antipasto, tortellini in brodo, cappone lesso, insalata. Per dolce abbiamo mangiato un ottimo panettone artigianale. Dopo pranzo c'è stato lo scambio dei regali, e devo dire che stavolta Babbo Natale è stato generoso con tutti. Franco ha molto apprezzato il giocattolo che gli hai mandato dagli Stati Uniti: grazie del pensiero.

Nel pomeriggio abbiamo giocato a tombola e nonna Roberta (che di tanto in tanto si addormentava sulla sedia) ha vinto una fortuna! Insomma, abbiamo passato una giornata piacevole e divertente in famiglia.

Per il veglione di S. Silvestro Letizia e io abbiamo lasciato Franco a casa di mamma e siamo andati a festeggiare da alcuni nostri colleghi che hanno una villa in collina. C'era un sacco di gente, però tutto era ben organizzato. Abbiamo mangiato in allegria (un cenone a base di frutti di mare: una delizia!) bevendo spumante e champagne in abbondanza... Quando è scoccata la mezzanotte, il terrazzo della villa si è trasformato in una base di lancio di fuochi d'artificio e di petardi di tutti i tipi. Abbiamo ballato, riso e scherzato come matti. E siamo tornati a casa alle 5 del mattino...

Il Capodanno, invece, l'abbiamo passato a casa nostra. Nel pomeriggio abbiamo visto un bel cartone animato sugli animali della foresta, che nonno Guido ha regalato a Franco.

E tu, come hai trascorso le feste natalizie a New York? Ti sei divertito? Non mi dire che hai lavorato tutto il tempo, eh? Raccontami quello che hai fatto, sono curioso, e dimmi un po' come si festeggia il Natale negli States. Saluta tanto da parte nostra la tua nuova fidanzata americana, non vediamo l'ora di conoscerla...

Spero di abbracciarti al più presto, caro fratello. Stammi bene e non lavorare troppo, capito?

TANTI AUGURI da tutti noi. A presto

Matteo

PS - Ah, dimenticavo: per la Befana, accanto alla calza con le caramelle e il torrone, Franco troverà una piccola bicicletta tutta gialla... Chissà che faccia fa quando la vede...

2. Vero o falso?

1. Matteo ha sempre poca voglia di fare il presepio.   V   F
2. Nella scatola verde c'erano tutti i personaggi del presepio.   V   F
3. Letizia ha capito che Franco aveva preso il Bambino Gesù.   V   F
4. Matteo, Letizia e Franco hanno passato il Natale in famiglia.   V   F
5. Soltanto Franco ha ricevuto molti regali per Natale.   V   F
6. Nonna Roberta ha perso a tombola tutto quello che aveva.   V   F
7. Matteo e Letizia hanno passato la sera di S. Silvestro in famiglia.   V   F
8. Lorenzo ha passato le feste di Natale negli Stati Uniti.   V   F
9. Per la Befana, Franco riceverà un cartone animato sugli animali della foresta.   V   F

3. Abbina le frasi alle immagini e scrivi il nome giusto.

1. È vestito di rosso e ha una lunga barba bianca. Porta i regali ai bambini.
2. Il 6 gennaio i bambini buoni ne ricevono una piena di dolci; quelli cattivi, una piena di carbone.
3. Si mettono sotto l'albero di Natale e si distribuiscono il 25 dicembre.
4. È il dolce tipico del periodo natalizio.
5. Si beve in Italia per festeggiare l'Anno Nuovo.
6. È composto da molte statuine e rievoca la nascita di Gesù Cristo.
7. È il gioco tradizionale delle feste natalizie. Comprende i numeri da 1 a 90.
8. È molto vecchia e porta i regali ai bambini la notte del 6 gennaio.
9. Viene dalla foresta ed è abbellito con luci e palle colorate.
10. Si scrive e si spedisce per augurare un « Buon Natale e Felice Anno Nuovo »

◯ _____

◯ _____

◯ _____   ◯ _____   ◯ _____   ◯ _____

◯ _____   ◯ _____   ◯ _____   ◯ _____

ALCUNE FESTIVITÀ NAZIONALI

♣	festività religiose
☉	ricorrenze non festive
☼	festività civili

festivita'	significato della festa	che cosa si fa – usanze e costumi
♣ **Epifania**, 6 gennaio (com.: **Befana**)	Celebra la manifestazione della divinità di Gesù Cristo ai Re Magi	La Befana è una vecchia brutta ma buona. Nella notte tra il 5 e il 6 gennaio lascia regali e dolci (che mette nelle «calze») ai bambini buoni; a quelli cattivi, invece, lascia carbone; in famiglia si gioca a tombola
Carnevale, dal 7 gennaio alla Quaresima	Antica festa, dedicata al divertimento e all'allegria	La gente si veste in maschera, sfila per le strade; partecipa a feste mascherate, lancia coriandoli, stelle filanti e fa scherzi; in alcune città si organizzano cortei con carri allegorici
☉ **S. Valentino**, 14 febbraio	Festa degli innamorati	Gli innamorati si scambiano un regalo a forma di cuore, spesso di cioccolato
☉ **Festa della Donna**	Ricorrenza in memoria di 129 operaie in sciopero, morte nel 1908 nell'incendio di una fabbrica di New York	Le donne ricevono un rametto di mimosa in fiore
♣ **Pasqua**, marzo /aprile	Festa della Resurrezione di Gesù Cristo	Nelle settimane che precedono la festa si fanno accurate pulizie nelle abitazioni; il sacerdote passa a benedire la casa; nel giorno di Pasqua i bambini ricevono in regalo uova di cioccolato che contengono una sorpresa; in alcune regioni si dipingono uova che vengono nascoste e poi cercate all'aperto
☼ **Festa della Liberazione**, 25 aprile	Festa della liberazione all'occupazione nazifascista (1945)	Nelle città più importanti si organizzano cortei popolari cui partecipano ex combattenti della Resistenza e uomini politici
☼ **Festa del Lavoro**, 1 maggio	Festa di tutti i lavoratori	Nelle città più importanti si organizzano cortei e sfilate popolari; a Roma i sindacati organizzano un grande concerto con cantanti italiani e stranieri
♣ ☼ **Ferragosto**, 15 agosto	Festa dell'Assunzione in cielo di Maria Vergine	Moltissimi italiani lasciano le città a causa del caldo; in alcune località si organizzano processioni e lancio di fuochi di artificio

che cosa si mangia e si beve	■ **espressioni tipiche** ● **saluti e auguri** ▲ **lessico**
panettone, pandoro, torrone, panforte, frutta secca, spumante, champagne	■ *La Befana vien di notte/con le scarpe tutte rotte...* ▲ la calza; il carbone
varie specialità, ad es. dolci, diversi da regione e a regione (frappe, cenci, ecc.)	■ *A Carnevale ogni scherzo vale!* ● Buon Carnevale! ▲ i coriandoli; le stelle filanti; la maschera (di Carnevale); il costume di Carnevale
cioccolatini; Baci Perugina	
	● Buon 8 marzo! ▲ la mimosa
uova benedette in chiesa; agnello o capretto; colomba pasquale	■ *Natale con i tuoi, Pasqua con chi vuoi!* ■ *essere felice come una Pasqua* ● Buona Pasqua!

Altre festività nazionali

↓ ☼ **Capodanno**, I gennaio

↓ **Lunedi'dell'Angelo** (o Pasquetta), lunedì dopo la Pasqua

↓ **Ascensione**, sesta domenica dopo la Pasqua

↓ **Pentecoste**, settima domenica dopo la Pasqua

↓ **CorpusDomini**, nona domenica dopo la Pasqua

☼ **Festadella Repubblica**, 2 giugno

↓ **Tuttii Santi**, I novembre

☼ **Festadell 'Unita' Nazionale**, prima domenica di novembre

↓ **ImmacolataConcezione**, 8 dicembre

↓ **Natale**, 25 dicembre

↓ **S.Stefano**, 26 dicembre

✿ **S.Silvestro**, 3I dicembre

4. **Consulta la tabella precedente e combina le frasi seguenti.** Specifica inoltre di che festa si tratta.

1. Hm, quest'anno mi è andata proprio male: pensavo di trovare un sacco di dolci e invece __
2. Amore mio, ti adoro…
3. Come ogni anno, ecco la mimosa, un fiore profumato e delicato __
4. Volevo comprare lo champagne, ma costava troppo. Ho preso un ottimo spumante italiano:
5. No, non sono andato al concerto organizzato dai sindacati: nel giorno in cui nessuno lavora, __
6. La città è deserta, fa un caldo insopportabile…
   E ho anche un terribile mal di denti!
7. Quest'anno mi vesto da Zorro: voglio combattere contro le ingiustizie del mondo…
8. Mamma, dov'è la scatola con i personaggi del presepio? Non riesco a trovarla!
9. Nell'uovo ho trovato una bella sorpresa: __

(A) E io mi vesto da King Kong, così facciamo una bella coppia! Che ne dici?

(B) un orologio al quarzo con cronometro.

(C) Eh, caro mio, i dentisti oggi sono tutti al mare!

(D) questo cuore di cioccolato extra fine è tutto per te!

(E) È in soffitta, dentro la cassapanca. Stai attento a non romperli, mi raccomando: sono molto delicati.

(F) un veglione senza bollicine, che veglione è?

(G) la simpatica vecchietta mi ha lasciato una calza tutta rotta e piena di carbone…

(H) ho dovuto aiutare mio padre nel suo ristorante!

(I) per una donna ancora più sensibile!

__G__ 1. *la Befana*
____ 2. _____
____ 3. _____
____ 4. _____
____ 5. _____
____ 6. _____
____ 7. _____
____ 8. _____
____ 9. _____

5. **Festivita' Italiane.** Completa il cruciverba.

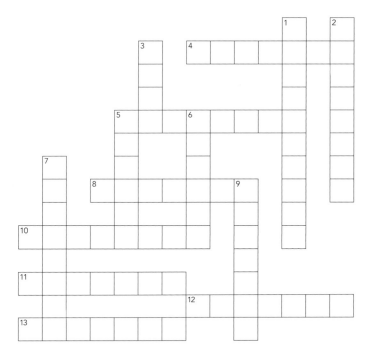

Orizzontali ➡

4. Dolce abbastanza simile al panettone.
5. Si indossa a Carnevale.
8. Gioco tipico delle feste natalizie.
10. È simile allo champagne, ma è made in Italy.
11. Fanno molto rumore a Carnevale e per l'ultimo dell'anno.
12. È il dolce tipico della Pasqua.
13. La Befana lo lascia nella calza ai bambini cattivi.

Verticali ⬇

1. Li lancia chi partecipa al Carnevale.
2. È molto grande quello organizzato dai sindacati il 1 maggio.
3. Si mangiano per Pasqua. Possono essere benedette o di cioccolato.
5. Si regala alle signore l'8 marzo.
6. Si organizza la Notte di Natale o per S. Silvestro. C'è molta roba da mangiare
7. Sta dentro l'uovo di cioccolato.
9. Si mangia durante la Pasqua.

6. **Hai mai passato una festa in Italia?** Se sì, parlane con un compagno. Nel caso contrario, parla delle feste più importanti del tuo paese, descrivi usi e tradizioni.

Conosci L'Italia

MA L'ITALIA È SEMPRE IN FESTA?

L'Italia dei **borghi medioevali** e delle città d'arte difficilmente resiste alla tentazione di scendere in piazza a **festeggiare**. Ogni anno, dalle Alpi alla Sicilia, migliaia di **feste religiose** (dedicate alla **Vergine Maria** – come, ad es., le **Infiorate** – o al **Santo Patrono** della città), di **feste storiche** (**rievocazioni** di **eventi** significativi), di **sagre enogastronomiche** (**degustazione di vini e di prodotti tipici locali**) esaltano l'importanza delle **tradizioni** e testimoniano il piacere di **fare festa** degli italiani.

In molti casi, queste manifestazioni sono legate a fatti storici ben precisi e, proprio per questo, si ripetono da centinaia di anni; in altri casi, i legami con la storia sono meno stretti e le **feste popolari** sono solo il frutto dell'originalità e della voglia di divertirsi dei cittadini nel magico scenario delle loro città.

Nel corso del tempo alcune feste hanno assunto risonanza nazionale o addirittura internazionale: è il caso del **Carnevale di Venezia** o di quello di **Viareggio** (Toscana), della **Festa dei Ceri di Gubbio** (Umbria), della **Regata delle Antiche Repubbliche Marinare** (Venezia, Genova, Pisa, Amalfi) e, infine, della manifestazione forse più conosciuta in assoluto, vera e propria icona delle tradizioni italiane nel mondo: il **Palio di Siena**, che si corre due volte l'anno, il 2 luglio e il 16 agosto, nella splendida Piazza del Campo.

In generale le feste italiane hanno alcuni tratti in comune fra loro. Un ricco **corteo storico** con **personaggi** in **costume d'epoca** che appartengono alle «**contrade**» (i quartieri delle antiche città) attraversa le vie del centro al suono di trombe e tamburi. Spesso gli **sbandieratori** eseguono numeri di abilità con le bandiere. In occasione di queste feste è possibile trovare un po' dappertutto **bancarelle** che vendono **dolciumi**, prodotti tipici locali e **souvenir**.

Per la loro straordinaria ricchezza e varietà, le feste popolari italiane possono lasciare un ricordo indimenticabile nel visitatore occasionale, specie se straniero, e rivelargli l'importanza delle tradizioni per la gente d'Italia.

7. Rispondi alle domande

1. Che tipo di feste si celebrano in Italia?
2. Che cos'è una "sagra enogastronomica"?
3. All'origine delle varie feste popolari italiane c'è sempre un fatto storico ben preciso?
4. Quali sono le manifestazioni più conosciute in Italia?
5. Perché le feste popolari italiane possono essere interessanti per il turista straniero?

ALCUNE FRA LE FESTE PIÙ ORIGINALI D'ITALIA

La **Battaglia delle Arance** di Ivrea (Torino) si svolge l'8 febbraio nella cornice del Carnevale cittadino e si basa su un episodio storico (la rivolta del popolo contro il tiranno). Fino al 1850 circa era disputata non con il lancio di arance, ma di fagioli. Lo scontro avviene in piazza: le guardie del tiranno sfilano su un carro gettando arance contro il popolo a piedi, il quale è composto da 9 squadre vestite in costume. Naturalmente il popolo si difende gettando arance contro le guardie… Tutti possono partecipare alla Battaglia iscrivendosi a una squadra o al gruppo delle guardie sul carro.

Ogni 5 anni si svolge ad Anghiari (Arezzo) la **Scampanata**, un evento che ha origini antichissime (I o II sec. a.C.). Tutti i giovedì e le domeniche del mese di maggio, gli iscritti alla "Società della Scampanata" devono presentarsi entro le 6 del mattino nella piazza principale del paese, pena una singolare punizione. I ritardatari infatti devono salire su un carretto trainato per le strade del borgo in mezzo a musica assordante (che serve a «svegliare» i dormiglioni…). Le vittime sono bersagliate con sostanze alimentari di vario tipo (uova, farina, cioccolato ecc.) fino a diventare irriconoscibili. La prossima Scampanata è in programma nel 2010…

Il **Palio della Rana** di Fermignano (Pesaro e Urbino) si disputa la prima domenica dopo Pasqua nella via principale della città. Quattro concorrenti per contrada devono percorrere una distanza di 170 metri spingendo una carriola sulla quale si trova una rana viva. Vince il Palio chi arriva al traguardo per primo con la rana sulla carriola. Se l'animale salta a terra, il concorrente può fermarsi a raccoglierlo e continuare la corsa. All'inizio e al termine della gara, le rane vengono sottoposte a un controllo antidoping per evitare che i contradaioli diano loro sostanze proibite. Nei giorni che precedono il Palio, nelle strade della città, riccamente addobbate, si svolgono vari spettacoli, cortei storici e giochi tra contrade.

La **Festa dei Serpari** di Cocullo (L'Aquila) si celebra il primo giovedì di maggio in onore di S. Domenico Abate, ma in realtà ha origini pagane (in antichità era dedicata ad Angizia, divinità che proteggeva dal veleno dei serpenti). All'inizio della primavera, gli abitanti di Cocullo catturano nei dintorni del paese un gran numero di serpenti (ai quali tolgono i denti) e li conservano in vasi di coccio o sacchi di tela. Il giorno della festa, i cocullesi adornano il proprio corpo e la statua di S. Domenico con i serpenti catturati e sfilano in corteo nelle strade del borgo medioevale.

Nel 1571 alcuni artigiani calabresi arrivano a Ponti (Alessandria) in cerca di lavoro. Subito chiedono ospitalità al signore del posto che decide di fargli riparare un'enorme pentola rotta. Gli operai si mettono al lavoro e in breve tempo riconsegnano l'oggetto in perfetto stato. Per ricompensarli, il signore regala loro un'immensa quantità di farina di mais, e gli abitanti del borgo offrono uova, cipolle, merluzzo, vino. Per rievocare questo episodio, ogni anno, durante la penultima domenica di Carnevale, si svolge a Ponti la **Sagra del Polentone**. I cuochi del paese preparano in piazza una polenta del peso di una tonnellata (1.000 chili!), una frittata con 3000 uova, 300 chili di cipolle e 150 chili di merluzzo. Il tutto viene distribuito ai visitatori che ricevono anche l'ottimo vino rosso locale (il Dolcetto). Un bel corteo storico rievoca l'incontro fra il signore di Ponti e gli artigiani. Nel 2006 la Sagra ha celebrato la 434a edizione.

8. Indica con una crocetta le caratteristiche delle varie feste.

	festa religiosa	rievocazione storica	sagra gastronomica	evento annuale	corteo storico	gara fra contrade
Battaglia delle Arance	☐	☐	☐	☐	☐	☐
Scampanata di Anghiari	☐	☐	☐	☐	☐	☐
Palio della Rana	☐	☐	☐	☐	☐	☐
Festa dei Serpari	☐	☐	☐	☐	☐	☐
Sagra del Polentone	☐	☐	☐	☐	☐	☐

9. **Completa il quiz.** Le caselle in grigio danno il nome del tema di questa sezione.

   1. Gli antichi quartieri delle città italiane si chiamavano __ .

      C __ __ ☐☐☐ __ E

   2. Nei cortei storici gli __ fanno numeri con le bandiere.

      S __ __ __ ☐☐ __ __ __ __ __ __ I

   3. Molte feste popolari italiane sono __ storiche.

      R __ __ __ __ __ __ ☐☐☐ __ I

   4. A Ponti si celebra la Sagra del __ .

      P __ __ __ __ __ __ ☐ E

   5. La Battaglia delle Arance rievoca la rivolta del __ contro il tiranno.

      P ☐☐☐ __ O

   6. Il __ si svolge a Fermignano.

      P __ __ __ __ __ __ __ ☐☐ __ __ __ A

   7. Per comprare souvenir, dolciumi o prodotti tipici locali cerco una __ .

      B __ __ __ __ ☐☐ __ __ A

   Soluzione

   ☐☐☐☐☐☐☐☐☐☐☐■☐☐☐☐☐☐☐☐☐☐

10. **Hai mai assistito a una festa popolare in Italia?** Se sì, racconta a un compagno che cosa hai visto. Nel caso contrario, parla delle feste del tuo paese. Se vuoi, puoi aiutarti con lo schema seguente:

    —Dove?
    —Quando?
    —Con chi?
    —Che tipo di festa era (religiosa, storica ecc.)?
    —Perché ci sono andato/a?

    —Era una festa annuale?
    —Che cosa mi ha colpito di più?
    —Come era organizzata?
    —Che cosa c'era da mangiare? E da bere?
    —Ho comprato qualcosa di speciale?

11. Rileggi le descrizioni di alcune fra le feste più originali d'italia…e scegli
    quella che più ti piace. Poi parlane con un compagno immaginando di avervi
    partecipato veramente… Racconta fatti, impressioni, incontri, situazioni,
    emozioni…

Conosci L'Italia

LA GASTRONOMIA REGIONALE

La **cucina regionale**, vale a dire la **gastronomia** tipica delle venti regioni italiane,
è all'origine della grande varietà della **cucina nazionale**. Nel corso del tempo
molti **cibi** e **prodotti tipici locali** si sono estesi all'intero territorio del Paese,
come il **prosciutto di Parma**, le **lasagne** (Emilia), la **pizza** (Campania) ecc. Altre
specialità, invece, si trovano solo nelle zone di origine: la **ribollita** (Toscana),
i **vincisgrassi** (Marche), la **pasta con le sarde** (Sicilia), ecc.

La geografia dell'Italia è un fattore determinante per le differenze **culinarie**
delle varie regioni. La cucina regionale è legata al **clima** e ai **prodotti locali**.
A questo riguardo, l'uso dei **grassi alimentari** (di origine animale o vegetale) e
della **pasta** è di primaria importanza. Nell'Italia del Nord il clima continentale
impedisce la coltivazione dell'**ulivo**: in queste zone, il **burro** e il **lardo** sono i
grassi tradizionalmente usati in cucina. Nell'Italia del Centro-Sud, al contrario, il
clima mite consente la produzione dell'**olio d'oliva**, che è uno degli **ingredienti**
fondamendali (insieme a pasta, frutta e verdura) della **dieta mediterranea**. Anche
per quanto riguarda la **pasta** (già nota agli Etruschi e ai Romani) il clima ha un
ruolo determinante. Al Nord si coltiva il **grano tenero**, che è alla base di due
prodotti tipici della cucina settentrionale: la **pasta all'uovo** (lasagne, tagliatelle,
tagliolini ecc.) e la **pasta ripiena** (tortellini, ravioli, cappelletti ecc.). Al Sud,
invece, il clima consente la coltivazione del **grano duro**, con cui si produce la
pasta comune (spaghetti, penne ecc.). Anche se ai giorni nostri è possibile trovare
qualsiasi prodotto nei supermercati, la gastronomia italiana tradizionale risente
fortemente di queste differenze.

In ogni regione esistono **tipi** (o **formati**) **di pasta** specifici. Se tutti conoscono
gli spaghetti e le penne, molti forse non sanno che cosa sono i **bigoli** (Veneto), le
trofie (Liguria), le **ciriole** (Umbria), gli **ziti** (Campania), i **malloreddus** (Sardegna),
i **maccheroncini** (Sicilia) ecc.

E che dire dei **formaggi**? E dei **salumi**? E dei vari tipi di **pane**? E dei **dolci**? E
dei **vini**? Insomma, la cucina italiana, grazie al contributo della gastronomia
regionale, non teme il confronto con nessun'altra cucina del mondo. Buon
appetito, allora!

12. Vero o falso?

    1. La cucina italiana è caratterizzata da una grande ricchezza di cibi e di ricette.   V   F

    2. Il clima influenza in maniera determinante la cucina regionale italiana.   V   F

    3. Il burro e il lardo sono grassi di origine vegetale.   V   F

    4. La pasta all'uovo e la pasta ripiena sono prodotti tipici della cucina del Nord Italia.   V   F

    5. Gli Etruschi e i Romani non conoscevano la pasta.   V   F

    6. Il grano tenero e il grano duro si usano indifferentemente per le stesse preparazioni.   V   F

    7. Ogni regione italiana ha i propri tipi di pasta.   V   F

13. Collega le espressioni della colonna di sinistra con quelle di destra.

    ___ 1. olio d'oliva – pasta – frutta – verdura   Ⓐ grassi alimentari

    ___ 2. cibi e prodotti tipici locali   Ⓑ dieta mediterranea

    ___ 3. spaghetti – penne – bigoli – trofie   Ⓒ pasta ripiena

    ___ 4. lardo – burro – olio d'oliva   Ⓓ cucina regionale

    ___ 5. tortellini – ravioli – cappelletti   Ⓔ tipi di pasta

    ___ 6. tagliatelle – lasagne – tagliolini   Ⓕ pasta all'uovo

14. Completa con le espressioni elencate qui sotto.

dieta mediterranea	tipi di pasta	ingredienti
pasta ripiena	grano duro	prodotti tipici locali
pasta	cucina regionale	pasta all'uovo

La gastronomia delle varie regioni d'Italia si chiama _____

_____ . Ogni regione ha i propri _____ . Due prodotti

caratteristici della cucina del Nord sono la _____ (tagliatelle, ecc.)

e la _____ (tortellini, ecc.). L'olio d'oliva è uno degli _____

fondamentali della _____ . Il _____ si usa nella

produzione della _____ comune (spaghetti, penne, ecc.). Nelle varie

regioni d'Italia esistono molti _____ .

DELIZIE REGIONALI

È il principe della cucina marinara toscana ed è una delle preparazioni a base di pesce più gustose della cucina italiana. Piatto tipico di Livorno, è composto da diverse varietà di pesce (per preparare un buon « _____ » si dice che occorrono tanti tipi di pesce quante sono le ‹c› contenute nel suo nome…). È una zuppa fra i cui ingredienti ci sono: salsa di pomodoro, aglio, fette di pane abbrustolito, cozze ecc.

È un dolce tipico del capoluogo della Campania. Si prepara durante il periodo pasquale e serve a celebrare il ritorno della bella stagione. Questi sono alcuni dei suoi ingredienti: grano cotto, ricotta, uova, zucchero…

Tipico piatto di pasta della cucina pugliese. Oltre che con acciughe salate e ottimo olio extravergine d'oliva, è condito con le foglie più tenere di una verdura dal sapore leggermente amaro…

È il piatto caratteristico della cucina della Garfagnana (un'area geografica nel nord-ovest della Toscana). L'ingrediente principale, da cui il piatto prende il nome, è il « _____ », un cereale molto caro agli antichi Romani che ne facevano largo uso. Fra gli altri ingredienti di questa deliziosa minestra, che si consuma generalmente nel tempo freddo, si possono menzionare i fagioli, il rosmarino, un filo di olio extravergine di oliva rigorosamente toscano…

È la specialità della Romagna. È sottile e di forma rotonda. Si mangia calda. È fatta di farina, acqua e sale. Si può riempire in mille modi, con prosciutto, salame, rucola, formaggio, nutella, marmellata…

Piatto tipico della cucina del Piemonte. È un antipasto o anche un piatto unico. È composto da una salsa che si consuma molto calda (da qui il nome della specialità…) insieme a verdure varie (peperoni, cardi, sedano, finoc-hi ecc.). Si mangia con vino giovane di vendemmia. Una vera prelibatezza!

15. Con l'aiuto delle precedenti descrizioni, abbina alle immagini i nomi delle specialità regionali.

piadina
cacciucco

bagna cauda
minestra di farro

pastiera napoletana
orecchiette alle cime di rapa

_____   _____   _____

_____   _____   _____

16. Insieme a un compagno organizza il menù di un pranzo o di una cena a base di specialità enogastronomiche regionali italiane...

_____
_____
_____
_____
_____
_____

17. Secondo te, quali sono le principali differenze fra la cucina italiana e la cucina del tuo paese? Esiste anche qualche punto in comune? Pensaci un attimo e poi parlane con un compagno.

18. **Quali sono i tuoi piatti italiani preferiti?** Parlane con un compagno e spiegagli perché.

LE REGIONI IN FESTA E IN CUCINA

19. Prova a completare questa tabella con le informazioni che conosci.

Regioni d'Italia	Piatti e prodotti tipici	Feste tradizionali
_____	_____	_____
_____	_____	_____
_____	_____	_____
_____	_____	_____
_____	_____	_____
_____	_____	_____

Ambiente, ecologia, stili di vita

1. Leggi l'intervista a Roberto Mollo, un ingegnere di Torino, sposato con due figli ancora piccoli, che un anno fa è andato a vivere a Bussoleno, un paese a 40 chilometri dalla città.

D   Quali sono i motivi per cui lei ha deciso di trasferirsi a Bussoleno?

ROBERTO   Mah, guardi, il motivo principale è stato l'allergia di mio figlio Marco. Si ammalava spesso e aveva sempre il naso chiuso e gli occhi gonfi per la polvere che respirava in città. E parlo dell'inquinamento dell'aria, dovuto soprattutto ai gas di scarico delle macchine e ai fumi prodotti dagli impianti di riscaldamento delle case.

D   Lei abitava in periferia?

ROBERTO   No, no, avevo un appartamento in centro, proprio dove il traffico è vietato alle macchine private, ma nella strada dove abitavo passavano sempre gli autobus, i taxi e soprattutto molti motorini che facevano un rumore infernale sia di giorno che di notte. In più, quando aprivamo le finestre, entrava in casa aria sporca piena di polvere.

D   Allora è stato il traffico il motivo principale per la sua scelta?

ROBERTO   Sicuramente! A un certo punto ho anche calcolato tutto il tempo che perdevo chiuso in macchina negli ingorghi del traffico durante le ore di punta, quando andavo o tornavo dal lavoro, ma anche il tempo che perdevo la sera a cercare un parcheggio e tutto questo mi rendeva spesso nervoso e irritabile.

D   Ma perché non andava al lavoro con i mezzi pubblici?

ROBERTO   Perché io lavoro alla Fiat, in uno stabilimento piuttosto lontano dal centro e con l'autobus arrivavo spesso in ritardo.

D   E ora che vive a 40 chilometri dalla città come fa per andare a lavorare?

ROBERTO   Beh! Ora faccio il pendolare e ogni giorno prendo un autobus che mi porta direttamente davanti al mio ufficio. Impiego 50 minuti all'andata e 50 al ritorno, ma non devo guidare e arrivo al lavoro tranquillo. Poi oggi con Internet, a volte posso lavorare anche da casa.

D   Anche sua moglie è contenta di questa scelta?

ROBERTO   Contentissima! Prima di tutto perché nostro figlio, respirando aria più pulita, ora sta decisamente meglio e poi perché abbiamo venduto il nostro piccolo appartamento in città e con gli stessi soldi abbiamo potuto comprare una casa più grande, con un bel giardino, quindi abbiamo avuto anche un vantaggio economico.

D   Nessuna nostalgia della città?

ROBERTO   No, anche se la vita in città è più stimolante, credo che la qualità della nostra vita sia molto migliorata. I bambini vanno in una scuola vicino a casa e fanno una vita più sana, a contatto con la natura. In paese, poi, conosciamo tutti e quindi sono migliorati anche i nostri rapporti umani. Insomma, oggi noi possiamo fare una vita con meno ansia e meno stress. E questo per noi è molto importante.

2. Vero o falso?

1.	Roberto abitava nella periferia di Torino.	V	F
2.	Nella zona a traffico limitato delle città non possono circolare le auto private.	V	F
3.	Nella zona a traffico limitato delle città non circolano i motorini.	V	F
4.	Nella strada dove abitava Roberto l'aria era abbastanza pulita.	V	F
5.	A Bussoleno l'aria non è inquinata.	V	F
6.	Oggi Roberto va al lavoro con la sua macchina.	V	F
7.	Ogni giorno Roberto percorre 80 chilometri.	V	F
8.	Il bambino soffriva di asma a causa dell'inquinamento.	V	F
9.	Secondo Roberto vivere in città ha molti vantaggi economici.	V	F
10.	Le case in città sono molto costose.	V	F

3. Elenca tutti i motivi per cui Roberto e sua moglie sono andati via da Torino e sono felici di vivere a Bussoleno:

_____

_____

_____

_____

_____

_____

_____

_____

4. Rispondi alle domande. Poi intervista un tuo compagno.

Oggi	Nel 2020	Nel 2040
Dove abiti? Ti piace la tua città, o il tuo paese? Perché?	Dove pensi che abiterai? Perché?	Dove ti piacerebbe vivere? Perché?

5. Inserisci queste parole nel testo. **Attenzione! Ci sono due parole in più.**

di scarico	pubblici	nervosa	di punta	treno	rumore
traffico	macchina	ritardo	ingorgo	ecologico	inquinamento

UN POMERIGGIO SUI VIALI DI FIRENZE

Ieri pomeriggio alle 5 ho finito di lavorare e ho preso la mia _____
per tornare a casa. Tutto è andato bene fino a quando sono arrivata sui viali. Qui
mi sono fermata perché generalmente, dalle 5 alle 6, è un'ora _____
e c'è sempre un sacco di _____ . Per i primi dieci minuti tutto
sembrava «normale» e io ho pensato «Uffa! Ecco il solito _____ .
Come sempre, arriverò a casa con mezz'ora di _____ !» Dopo 20
minuti, però, ho cominciato a diventare _____ e in più alcuni
automobilisti hanno cominciato a suonare il clacson delle loro auto facendo
un _____ infernale. Siccome faceva caldo, ho aperto il finestrino, ma
l'ho subito richiuso perché entrava l'odore insopportabile dei gas _____
delle macchine. Insomma, siamo rimasti fermi per 30 minuti e poi abbiamo
cominciato a muoverci piano piano. Alla fine ero davvero furiosa, ma anche
preoccupata, perché in questi momenti è davvero possibile «toccare con mano»
quanto sia grave, nelle nostre città, il problema dell' _____ . Proprio
per questo motivo ho pensato che, da domani, andrò al lavoro con i mezzi
_____ . Però peccato che a Firenze non ci sia la metropolitana!

Conosci L'Italia

I MOVIMENTI ECOLOGISTI

La situazione del degrado ambientale e dell'inquinamento, in Italia, è simile a quella degli altri paesi industrializzati, ma alcuni problemi presentano una gravità maggiore come, per esempio, l'intensità dell'inquinamento atmosferico delle città, causato principalmente da un sistema che si basa sul trasporto di persone e di merci con veicoli privati (il 75% del trasporto urbano si svolge con macchine, autobus e mezzi commerciali). In più, solo poche grandi città hanno la metropolitana.

Negli ultimi anni i problemi legati alla tutela dell'ambiente sono molto sentiti dagli italiani e sono nate diverse associazioni. Così, accanto ai grandi gruppi ambientalisti nazionali e internazionali come il WWF e *Greenpeace*, ci sono importanti organizzazioni come *Italia Nostra e Legambiente*, e nel 1990 è nato ufficialmente anche il partito politico dei Verdi.

Ci sono, poi, numerosi gruppi locali che si occupano di problemi ecologici e sociali e che, spesso, influenzano le scelte politiche. Infatti il problema dell'ambiente è uno dei punti principali sia della politica dei governi delle città che del governo nazionale.

In questi ultimi anni, sono stati presi diversi provvedimenti. Per esempio, in quasi tutte le città, le zone centrali sono state chiuse al traffico delle macchine private e gli abitanti del centro storico hanno un permesso speciale per circolare in auto. Si cerca anche di rendere i mezzi pubblici più efficienti, per convincere le persone ad usarli, e si costruiscono piste ciclabili per favorire l'uso della bicicletta in città. I governi e le associazioni ambientaliste sono anche impegnati a sensibilizzare i cittadini sul problema dei rifiuti e oggi tutti i comuni spendono molte energie per organizzare la raccolta differenziata. C'è ancora molto da fare, ma ormai questi problemi fanno parte della vita moderna e stanno lentamente influenzando lo stile di vita delle persone.

Rispondi alle domande.

1. Qual è la causa principale dell'inquinamento atmosferico nelle città italiane?

   _____

2. Perché nelle città italiane l'inquinamento è un problema particolarmente grave?

   _____

3. Quali sono le associazioni italiane che si occupano dei problemi dell'ambiente?

   _____

4. Quali misure hanno preso i governi delle città per limitare il problema ambientale?

   _____

COME AIUTARE L'AMBIENTE

«Con piccoli gesti quotidiani puoi aiutare l'ambiente. Se fai la raccolta differenziata, alcuni prodotti potranno essere riciclati e, poi, riutilizzati, e altri prodotti pericolosi non andranno ad inquinare l'ambiente in cui viviamo.»

6. Metti i differenti rifiuti negli appositi cassonetti.

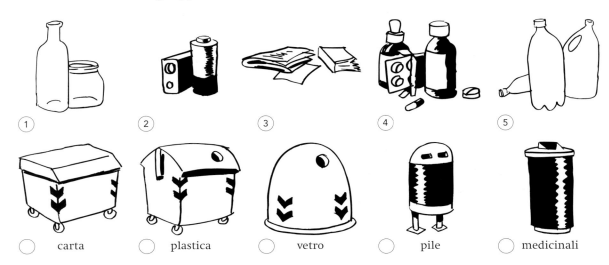

    carta   plastica   vetro   pile   medicinali

7. Scrivi nella tabella quali sono.

i materiali che si possono riciclare	i rifiuti pericolosi

LE INIZIATIVE DI LEGAMBIENTE

L'associazione ambientalista Legambiente ogni anno promuove alcune iniziative affinché le persone siano sempre più sensibili alla tutela dell'ambiente.

8. Collega le immagini ai titoli dei giornali.

____ **Goletta Verde.**
Anche quest'anno, come sempre dal 1985, è partita la campagna di Legambiente per controllare la qualità delle acque del mare vicino alle coste.

____ **Smog, la morsa non si allenta, domenica a piedi a Roma e a Milano.**
Blocco totale della circolazione delle auto per un giorno, a causa dello smog che in questi giorni sta soffocando un po' tutte le città italiane.

____ **Bimbimbici 2006.**
È il momento di Bimbimbici! Una giornata di festa e di gioco per i bambini in bicicletta che, domenica prossima, si svolgerà in 130 città italiane.

____ **Il Treno Verde di Legambiente** sarà in viaggio per 40 giorni e attraverserà 8 città per controllare l'inquinamento dell'aria e l'inquinamento acustico.

____ **Spiagge pulite.**
È il solito appuntamento alla vigilia dell'estate. Migliaia di volontari di tutta Italia, grandi e piccoli, si danno appuntamento in diverse località per pulire le spiagge dai rifiuti.

____ **Premiati i Comuni Ricicloni.**
Nel corso del Convegno su «Gli italiani e la raccolta differenziata» sono stati assegnati premi qualità ai sei comuni che fanno la migliore raccolta differenziata di carta e cartone. I comuni premiati quest'anno sono Parma, l'Aquila, Fano, Trento, Pesaro e Battipaglia.

9. Collega la parola alla sua definizione.

_F_	1. Il gas di scarico	Ⓐ Il movimento continuo delle macchine
___	2. Il cassonetto	Ⓑ Lo sporco della civiltà moderna
___	3. L'ambiente	Ⓒ Quello che rimane inutilizzato e che si butta via
___	4. Il traffico	Ⓓ Lo studio dell'ambiente
___	5. Ecologico /a	Ⓔ Quello forte che senti con le orecchie
___	6. La polvere	Ⓕ Quello che esce dalle macchine
___	7. L'inquinamento	Ⓖ Dove si mettono i rifiuti
___	8. I rifiuti	Ⓗ Si fa quando si riciclano i materiali
___	9. L'ecologia	Ⓘ Un blocco del traffico
___	10. Il rumore	Ⓙ Tutto quello che sta intorno a noi
___	11. Il riciclaggio	Ⓚ L'aggettivo di ecologia
___	12. L'ingorgo	Ⓛ Quella sostanza leggera che rimane sui mobili quando non si pulisce

10. Scrivi una lettera ad un amico parlando della situazione dell'ambiente. Vince chi usa più parole prese dalla colonna di sinistra dell'esercizio precedente.

Caro Dario,

_____

_____

_____

_____

_____

_____

_____

_____

_____

_____

_____

_____

_____

_____

_____

                                        Un abbraccio,

                                   _____

11. Inserisci le parole nel testo. **Attenzione ci sono 2 parole in più.**

vetro	rifiuti	vivesse	autobus	ecologico	centro
raccolta	pericolosi	aria	elettricità	inquino	cassonetto
bicicletta	ambiente	pile			

Ho 35 anni, sono una maestra elementare, sono sposata e ho un figlio di 3
anni. Da quando sono diventata mamma sono molto attenta ai problemi legati
all' _____ , perché vorrei che mio figlio _____ in
un mondo più pulito. Per prima cosa, in città, io mi sposto sempre con la
_____ . La uso anche per portare mio figlio all'asilo. Questo mi
dà molti vantaggi perché, pedalando, posso raggiungere tutte le strade del
_____ senza problemi, non _____ l'aria e faccio molto
movimento. Certo, andando in bicicletta non respiro _____ pulita,
ma io uso sempre una mascherina. Quando piove, poi, prendo l' _____ .
Un'altra cosa che faccio con molta attenzione è la _____ differenziata
dei _____ . Metto sempre in sacchetti separati la carta, il
_____ , la plastica e i rifiuti _____ come i medicinali
scaduti o le _____ usate. Cerco anche di risparmiare _____ .
Uso sempre lampadine a basso consumo e quando esco da una stanza spengo le
luci. Credo che oggi tutti dovremmo fare qualcosa per migliorare l'ambiente in
cui viviamo. Credo che sia un nostro dovere.

12. Dimmi come vivi e ti dirò quanta terra consumi.

LA NOSTRA IMPRONTA ECOLOGICA

Cosa mangiamo? Dove abitiamo? Quanta energia consumiamo? Quanti rifiuti
produciamo? Rispondendo a queste domande sui nostri consumi possiamo
misurare la nostra «impronta ecologica», cioè la superficie di pianeta necessaria
alla nostra vita.

1. Intervista un compagno e segna le sue risposte.

Ogni giorno vai a scuola
- ☐ in macchina
- ☐ in motorino
- ☐ in autobus o in treno
- ☐ a piedi o in bicicletta

Generalmente passi le vacanze
- ☐ non lontano da casa
- ☐ lontanissimo

Abiti in una casa
- ☐ grande
- ☐ di medie dimensioni
- ☐ piccola

Abiti

☐ da solo

☐ con un'altra persona

☐ con altre 2 persone

☐ con altre 3 persone

☐ con altre 4 persone

☐ con altre 5 persone

☐ con più di 5 persone

Le spese di riscaldamento /raffreddamento sono

☐ normali

☐ elevate

☐ basse

Mangi carne

☐ tutti i giorni

☐ spesso

☐ raramente

☐ mai

Produci una quantità di rifiuti

☐ media

☐ alta

☐ bassa

Fai la raccolta differenziata

☐ sempre

☐ qualche volta

☐ mai

2. In base alle risposte che il tuo compagno ha dato, pensi che la sua impronta sull'ambiente sia grande, media o piccola? Se è troppo grande, prova a dargli qualche consiglio per ridurla.

3. Ora, per saperne di più sull'**Impronta ecologica**, fai una ricerca in Internet e scrivi una relazione.

IL RITMO DELLA VITA: LEPRE O TARTARUGA?

13. Prendi informazioni e completa la tabella con: 0 = 0 ore
1 = 1 ora
2 = 2 ore
3 = più di 3 ore

Nella giornata quanto tempo impieghi per:	Tu	Le persone nel tuo paese	Le persone in Italia
mangiare	_____	_____	_____
fare sport	_____	_____	_____
stare con gli amici	_____	_____	_____
stare con la famiglia	_____	_____	_____
curare il tuo corpo	_____	_____	_____
riposarti	_____	_____	_____
Totale punti	_____	_____	_____

> Da 15 a 21 punti: ti piace «prendertela comoda» e goderti i piaceri della vita. Sei una vera tartaruga.
>
> Da 8 a 14: il tuo ritmo di vita è abbastanza veloce, ma ti piace avere tempo anche per te. Sei una **tarta-lepre**.
>
> Da 0 a 7: il tuo ritmo di vita è molto veloce. Vai sempre di corsa verso un obiettivo. Sei una vera lepre.

14. Controlla i risultati del questionario «lepre o tartaruga?» e completa le frasi.

1. Io sono una _____
2. La maggioranza delle persone nel mio paese sono _____
3. Penso che la maggioranza delle persone, in Italia, siano _____

Conosci L'Italia

GLI ITALIANI E LA CASA

Sembra che al primo posto fra i desideri degli italiani ci sia quello di possedere una casa e, infatti, circa l'80% delle persone sono proprietarie della casa in cui abitano.

Gli italiani amano la propria abitazione e la curano molto e, in generale, la casa è la prima spesa importante che una persona affronta nella vita, possibilmente con l'aiuto dei genitori.

Questo bisogno di possedere una casa è, sicuramente, legato al concetto di famiglia. Infatti, fino agli anni '50, la maggior parte degli italiani viveva in una grande famiglia, che era il centro intorno a cui ruotava tutta la vita di una persona.

Quando il paese è cambiato da agricolo a industriale e le persone si sono spostate dalle campagne nelle città o nei grandi paesi, le famiglie sono diventate sempre più piccole e, da quel momento, il centro della vita si è spostato verso la casa, che è diventata non solo una sicurezza, ma anche un legame con la propria storia e con le proprie radici. Per questo, per un italiano la casa è molto più di «quattro mura» in cui abitare.

Leggi e rispondi alla domanda. Secondo il testo che hai letto, che cosa rappresenta la casa per un italiano?

_____

_____

15. **Alcune persone parlano della loro casa.** Leggi i testi e decidi a chi appartiene la casa del disegno.

Maria
Vivo all'ultimo piano di una vecchia casa nel centro di Firenze. Era la casa dei miei nonni e sono davvero fortunata, perché per me sarebbe stato davvero impossibile comprare una casa così.

Luciano
Il mese prossimo mi sposerò e andrò ad abitare nella mia nuova casa. E' un appartamento piccolo, ma molto carino. Si trova al secondo piano di una casa moderna. Ha finestre grandi e due bei balconi. Per fortuna i miei genitori mi hanno aiutato a comprarla, perché con i prezzi di oggi sarebbe stato davvero impossibile comprarla.

Marco
Ho comprato una vecchia casa colonica in Umbria. E' una casa tradizionale con i pavimenti di cotto e i soffitti con le travi di legno, ma quel che mi piace di più è la cucina. È grande e, soprattutto, c'è un enorme camino in pietra serena che mi ricorda la casa dei miei nonni dove passavo le vacanze quando ero bambino.

Giuseppe
Ho 65 anni e vivo a Firenze da 30. Il mese prossimo andrò in pensione e, con mia moglie, andremo ad abitare in campagna, nella vecchia casa dei miei genitori che si trova a Greve, un paese nel Chianti. È un piccolo appartamento, proprio nel centro del paese e noi siamo felici di questa scelta, perché così possiamo lasciare il nostro appartamento in città a nostro figlio.

16. Ora pensa alla casa dei tuoi sogni e prova a disegnarla.

17. Adesso descrivila con le parole a un tuo compagno.

La geografia e il meteo

IN VIAGGIO CON L'INTERRAIL

Roma, 20 settembre 2005

Caro Piero,

sono Rita, del nuovo motore di ricerca www.voliamodappertutto.com.
Quest'anno, in occasione del nostro primo anniversario, abbiamo sorteggiato
un fortunato vincitore che girerà l'Europa in interrail. La fortuna ha baciato te!

Come sai, grazie all'interrail, ogni anno migliaia di giovani studenti italiani ed
europei esplorano l'Europa in treno per un mese. Benvenuto nella comunità
interrail!

Insieme a te, abbiamo selezionato altri sette giovani di sette paesi europei, che
puoi contattare per organizzare il vostro viaggio insieme.

A presto,

Rita

---

1. **Abbina le due colonne.** I giovani sorteggiati da www.voliamodappertutto.com
   sono elencati nella tabella qui sotto. Collega le due colonne.

   ____ Zbigniew vive e studia in   (A) Inghilterra

   ____ Hans vive e lavora in   (B) Norvegia

   ____ Gunnar vive e studia in   (C) Germania

   ____ Mercedes vive e lavora in   (D) Polonia

   ____ Dimosthenis vive e studia in   (E) Francia

   ____ Rachel vive e lavora in   (F) Spagna

   ____ François vive e studia in   (G) Grecia

2. **Fantastico, ho vinto!** Immagina di essere Piero e di incontrarti a Roma con i tuoi
   nuovi amici. Con loro dovrai stabilire un itinerario in giro per l'Europa. Quali
   paesi desiderate visitare e perché? Discutete le diverse possibilità con l'aiuto dello
   schema riportato qui sotto.

	luogo di partenza	luogo di arrivo	durata del viaggio	luoghi da visitare	commenti
giorno 1	_____	_____	_____	_____	_____
giorno 2	_____	_____	_____	_____	_____
giorno 3	_____	_____	_____	_____	_____
Ecc…	_____	_____	_____	_____	_____

3. Ora scrivi il tuo diario di viaggio e segui questi suggerimenti.

Tappe del viaggio

_____

_____

_____

Luoghi da ricordare

_____

_____

_____

Nuovi amici

_____

_____

_____

Feste a cui sei stato

_____

_____

_____

DOPO L'INTERRAIL

I tuoi amici, conosciuti a Roma quest'estate, **chattano** tutti insieme al computer.

Gunnar	5 marzo 2006 ore 4:31 pm

Ciao Zbigniew! Qui ci sono meno 8 gradi ed è nuvoloso! Che tempo fa da te?

Zbigniew	5 marzo 2006 ore 4:31 pm

Oh, mio Dio! Qui a Cracovia fa ancora più freddo: ci sono 4 gradi, nevica da tre giorni e sono un po' depresso.

Hans	5 marzo 2006 ore 4:31 pm

Ciao Zbigny! Ciao Gunny! Sono Frieda, non buttatevi giù! Qui ad Amburgo *c'è una nebbia che si taglia con il coltello*, ma io sono felice, perché il mio capo mi ha aumentato lo stipendio.

Gunnar	5 marzo 2006 ore 4:32 pm

Che bello! Io invece sono senza un centesimo! Devo laurearmi da tre anni…sarebbe ora! Ma all'università di Oslo si sono rotti gli impianti di riscaldamento. Adesso c'è ghiaccio dappertutto e non posso laurearmi.

Hans	5 marzo 2006 ore 4:32 pm

Sarà vero? Che buffo!

Mercedes	5 marzo 2006 ore 4:33 pm

Hola a tutti! Domani mi viene a trovare mia nonna da Barcellona. Speriamo che ci sia il sole. Oggi qui c'è stato un tempo terribile e la grandine mi ha distrutto la macchina!

François	5 marzo 2006 ore 4:33 pm

Che disgrazia! Ma anch'io sono sfortunato. Pensa che oggi, prima di andare in ufficio, sono caduto in una pozzanghera. E indossavo il mio completo nuovo…

Dimosthenis	5 marzo 2006 ore 4:34 pm

Che buffo! *Qui invece c'è un sole che spacca le pietre!*

Rachel	5 marzo 2006 ore 4:34 pm

Non ci posso credere! Che fortuna! *Good afternoon, everybody!* A Londra il tempo oggi è cambiato 4 volte e adesso tira un vento gelido terribile!

4. Prova a continuare.

Piero   5 marzo 2006 ore 4:35 pm

_____

_____

_____

Rachel   5 marzo 2006 ore 4:35 pm

_____

_____

_____

François   5 marzo 2006 ore 4:35 pm

_____

_____

_____

5. Gradi Farenheit e Centigradi.

Ecco la tabella per calcolare la differenza di temperatura in gradi Farenheit e Centigradi.

Centigradi in Fahrenheit: $°F = (°C × 1,8) + 32$
Fahrenheit in Centigradi: $°C = (°F - 32) : 1,8$

Quanti gradi Farenheit sono?

1. ad Amburgo ci sono 3° C   _____

2. ad Atene 20° C   _____

3. a Parigi 15° C   _____

4. a Madrid 17° C   _____

6. **Che tempo fa da te?** Guarda le città elencate qui sotto e compila la tabella relativa al tempo per il 5 marzo 2006. Nella colonna «Tempo previsto per oggi» scrivi le condizioni meteorologiche delle città in cui abitano i tuoi amici, nella colonna «tempo previsto per domani» immagina se ci sarà il sole, se pioverà, se sarà nuvoloso, ecc., nella colonna «Temperatura» scrivi quanti gradi pensi che ci saranno.

località	tempo previsto per oggi	tempo previsto per domani	temperatura
Amburgo	*nebbia*	_____	_____
Cracovia	_____	_____	_____
Londra	_____	*pioggia*	_____
Oslo	_____	_____	-8
la tua città	_____	_____	_____

Italiano di tutti i giorni

Due proverbi «meteorologici». Inserisci **la vocale** mancante.

1. C I __ L O   A   P __ C O R __ L L __,   P I O G G I A   A   C A T I N __ L L __.
2. R O S S O   D I   S __ R A,   B __ L   T __ M P O   S I   S P __ R A.

---

7. Abbina le due colonne in modo corretto.

___	1. C'è un caldo	(A)	cane
___	2. C'è un sole	(B)	stupenda, da favola.
___	3. C'è una nebbia	(C)	infernale, soffocante
___	4. C'è un freddo	(D)	universale!
___	5. C'è un tempo	(E)	che Dio la manda!
___	6. È una giornata	(F)	che spacca le pietre
___	7. Il mare è	(G)	grossi come sassi!
___	8. C'è il diluvio	(H)	che spazza via le case!
___	9. Piove	(I)	che si taglia con il coltello!
___	10. C'è un vento	(J)	una tavola.
___	11. Cadono chicchi di grandine	(K)	da lupi!

8. Modi di dire «**meteorologici**». In italiano ci sono molti modi di dire che
   utilizzano termini presi in prestito dal tempo atmosferico. Eccone alcuni esempi.
   Sei in grado di capire cosa vogliono dire? Provate a indovinare il loro significato,
   da soli o con l'aiuto di un compagno. Vince chi ne indovina di più!

1. Cadere dalle nuvole

   A Essere sorpresi, meravigliati

   B Aver bevuto tanta birra o tanto vino

   C Una persona molto buona

2. Piove sul bagnato

   A Quando piove a Venezia

   B Quando una persona va sempre in piscina

   C Qualcosa che succede sempre a chi non ne
     ha bisogno

3. È un fulmine a ciel sereno

   A Notizia o avvenimento improvviso
     e meraviglioso

   B Notizia o avvenimento improvviso
     e spiacevole

   C Tempo minaccioso con carattere
     temporalesco

4. Avere la testa tra le nuvole

   A Essere molto alti

   B Prendere l'aereo almeno tre volte
     a settimana

   C Essere distratti, assorti nei propri pensieri

9. Adesso provateci voi!

   Cosa significa: *essere al settimo cielo?*

10. **Pronto? Che tempo fa da voi?** Divisi in gruppi di 4, immaginate che ognuno
    di voi studi o abiti in diverse regioni d'Italia. Organizzate una *conference call* su
    internet parlando del tempo, usando i proverbi, le espressioni idiomatiche e i
    modi di dire appena imparati.

    1. C'è un caldo infernale, soffocante.
    2. C'è un sole che spacca le pietre.
    3. C'è una nebbia che si taglia con il coltello!
    4. C'è un freddo cane!
    5. C'è un tempo da lupi!
    6. È una giornata da favola.
    7. Il mare è una tavola.
    8. C'è il diluvio universale!
    9. Piove che Dio la manda!
    10. Cadono chicchi di grandine grossi come sassi!
    11. C'è un vento che spazza via le case!

11. **Previsioni del tempo per domani in Italia.** Continua a parlare con i tuoi amici, guarda la cartina dell'Italia, e descrivi loro che tempo farà domani.

nelle regioni del nord:

_____

_____

_____

nelle regioni del centro:

_____

_____

_____

nelle regioni del sud:

_____

_____

_____

12. **Che cosa fare quando piove?** Guarda le immagini qui sotto e scrivi cosa fai quando…

_____

_____

_____

13. Scrivi il nome delle capitali europee descritte dalle immagini.

_____   _____   _____   _____   _____

14. **Che tempo fa?** Che tempo fa a giugno…?

a Roma   _____

a Parigi   _____

a Copenhagen   _____

L'ISOLA CHE VA SU E GIÙ

In Italia c'è un'isola che va su e giù.

Storici, geologi, politici, diplomatici, vulcanologi stanno aspettando il suo ritorno, ma l'isola Ferdinandea sembra farsi gioco di tutti loro.

Ecco la storia: il 5 luglio del 1831, al largo di Sciacca (una città della Sicilia che si trova sulla costa fra Marsala ed Agrigento), tra tuoni e fulmini, dal mare in tempesta è emersa un'isola nera, un piccolo vulcano in eruzione.

Gli spagnoli
Ferdinando II di Borbone, in visita in Sicilia, ha mandato subito sul luogo una nave reale ed ha dato il suo nome all'isola: «Ferdinandea».

Gli inglesi
Il capitano inglese Shenouse, era molto interessato a un posto così strategico, ed è arrivato con due navi per prendere possesso dell'isola, battezzandola «isola Graham».

I francesi
Anche i francesi non si sono tirati indietro, sono sbarcati sull'isola e l'hanno chiamata «Giulia».

Dunque l'isola aveva tre nomi, ed era contesa fra tre grandi potenze: ma poco prima di iniziare una bella battaglia navale fra tre nazioni, la natura ha preso una saggia decisione. Dopo soli cinque mesi, l'isola, così com'era apparsa, è sprofondata di nuovo dentro il mare.

Ancora oggi, a soli otto metri di profondità, si può raggiungere la vetta del vulcano. Ma chi e' il vero padrone dell'isola, gli spagnoli, gli inglesi o i francesi? La gente del posto ricorda che furono i pescatori di Sciacca a sbarcarvi per primi, con un peschereccio comandato da un certo Michele Fiorini: l'isola dunque era dei siciliani. La leggenda dice che non hanno piantato una bandiera, bensì un remo: l'isola veniva dal mare e al mare sarebbe tornata.

Ma ora passiamo alla cronaca. Il 5 febbraio del 2000, pochi anni fa, il tratto di mare dove l'isola è scomparsa ha cominciato a dare segni di vita.

Sono risprese subito le polemiche tra la Spagna, la Francia e l'Inghilterra.

Il Times e la CNN hanno scritto che un'isola britannica stava per riemergere dal mare. Il giornale La Repubblica del 1 ottobre 2000 dava notizia che Carlo di Borbone aveva rinunciato a ogni diritto sull'isola, a favore dello stato italiano.

L'isola è rimasta giù, ma se Ferdinandea decidesse di tornare in superficie, secondo il re Carlo, sarebbe dunque italiana. Una bella soddisfazione per i pescatori di Sciacca!

---

15. E tu cosa faresti se ti regalassero quest'isola?

_____

_____

_____

_____

Conosci L'Italia

Rispondi alle seguenti domande e scoprirai se davvero conosci l'Italia...

1. Città della Toscana
   - A Perugia
   - B Arezzo
   - C Terni

2. La regione di Napoli
   - A Basilicata
   - B Campania
   - C Puglia

3. Il fiume più lungo d'Italia
   - A Tevere
   - B Po
   - C Adige

4. È un'isola dell'arcipelago toscano
   - A Capri
   - B Elba
   - C Sicilia

5. La regione di Roma
   - A Umbria
   - B Lazio
   - C Marche

6. È una città della Lombardia
   - A Parma
   - B Milano
   - C Verona

7. Attraversa la pianura Padana
   - A Arno
   - B Po
   - C Tevere

8. Il Tevere scorre nel
   - A Veneto
   - B Lazio
   - C Molise

9. Capri si trova in
   - A Calabria
   - B Campania
   - C Umbria

10. La regione di Bologna
   - A Liguria
   - B Emilia Romagna
   - C Toscana

Bravo!

Risposta A = 0 punti   Da 8 a 10 punti: Conosci l'Italia molto bene.
Risposta B = 1 punto   Da 5 a 7 punti: Conosci l'Italia abbastanza bene.
Risposta C = 0 punti   Da 0 a 4 punti: Non conosci l'Italia.

16. Adesso scrivi le capitali dei paesi membri dell'UE (Unione Europea) che hanno adottato l'Euro come moneta dal 1 gennaio 2002.

    1. Italia   *Roma*

    2. Francia   P __ __ __ __ I

    3. Grecia   A __ __ __ E

    4. Irlanda   D __ __ __ __ __ O

    5. Lussemburgo   L __ __ __ __ __ __ __ __ O

    6. Olanda   A __ __ __ __ __ __ M

    7. Germania   B __ __ __ __ __ O

    8. Portogallo   L __ __ __ __ __ A

    9. Finlandia   H __ __ __ __ __ __ I

  10. Spagna   M __ __ __ __ D

  11. Belgio   B __ __ __ __ __ __ __ S

  12. Austria   V __ __ __ __ A

17. **Di dove sei?** Di quale stato sei? Scrivi un paragrafo presentando le caratteristiche del tuo stato, dando queste informazioni:

popolazione

_____

economia

_____

maggiori città

_____

caratteristiche geografiche

_____

caratteristiche storiche

_____

arte e cultura

_____

sport

_____

clima

_____

19. Programma un fantastico viaggio via internet con

     www.voliamodappertutto.com

Prova subito il motore di ricerca numero due al mondo per trovare, paragonare
e prenotare il tuo volo su oltre cento compagnie low cost in Europa e nel mondo.

Quasi dieci persone hanno già volato con noi, ma non sappiamo ancora se sono
arrivate a destinazione.

Prenota subito il tuo volo low cost!

1. Scegli l'aeroporto di partenza:
   ☐ Genova, aeroporto **Cristoforo Colombo**
   ☐ Bologna, aeroporto **Guglielmo Marconi**
   ☐ Pisa, aeroporto **Galileo Galilei**
   ☐ Roma, aeroporto **Leonardo da Vinci**
   ☐ Venezia, aeroporto **Marco Polo**

2. Il mondo è grande. Scegli dove vuoi andare:
   ☐ Africa
   ☐ Asia
   ☐ America del nord
   ☐ America del sud
   ☐ Oceania
   ☐ Caraibi
   ☐ Europa
   ☐ Medio Oriente
   ☐ Una nazione a piacere di www.voliamodappertutto.com

3. Viaggio:
   ☐ andata e ritorno
   ☐ solo andata
   ☐ viaggio solo andata a sorpresa
   ☐ viaggio con ritorno in un altro luogo a sorpresa

4. Quando vuoi partire? Scrivi le date del tuo fantastico viaggio:
   andata: ——————————————————— ritorno: ———————————————————

5. Passeggeri:
    ☐ adulti e bambini da 12 anni
    ☐ bambini da 2 a 12 anni non compiuti
    ☐ neonati da 0 a 2 anni non compiuti
    ☐ donne incinte
    ☐ innamorati che vogliono avere un bambino

6. Scegli quale aeroporto preferisci:
    ☐ tutti gli aeroporti
    ☐ solo aeroporti serviti da compagnie low cost
    ☐ solo aeroporti serviti da compagnie molto costose

7. Attendi per favore.
    ☐ Stiamo verificando la disponibilità dei voli su oltre 100 compagnie aeree
       low cost, tradizionali o costosissime.
    ☐ La ricerca durerà soltanto pochi secondi, pochi minuti, poche ore
       o qualche giorno.

8. E adesso, quale risposta preferisci?

    Attenzione: in questo momento non siamo in grado di soddisfare la tua
    richiesta perché
    ☐ si sono rotti tutti i computer
    ☐ è pausa pranzo
    ☐ è andata via la luce

9. Ecco la tua prenotazione!

    Data di partenza: _____   Data di arrivo: _____

    Orario di partenza: _____   Orario di arrivo: _____

    Partenza dall'aeroporto di _____   Arrivo all'aeroporto di _____

Culture giovanili

LINGUAGGIO: TRE GENERAZIONI A CONFRONTO

Sonia, Giovanna e Michela (rispettivamente di 65 anni, di 40 anni e di 16 anni) *non si fanno i fatti loro* e vorrebbero che Giulia si innamorasse di Piero. Ecco come ognuna di loro ci racconta la storia:

La nonna di Piero
Sono la signora Sonia Marzullo, la madre di Giovanna e la nonna di Piero e Michela. Mi hanno detto che ieri, durante **il ricevimento** per i sedici anni di Michela, mio nipote Piero **si è dichiarato** a Giulia, la nipote di una mia vecchia amica. Prima che Piero cominciasse **a farle la corte**, Giulia **era fidanzata con** Marco, **un bellimbusto** pieno di difetti e terribilmente **superbo**, ma per cui tutte le donne **sospirano**. A dir la verità Giulia **ha ancora delle simpatie** nei riguardi di Marco, ma penso che si **stancherà** presto. Io penso che mio nipote Piero sia **di gran lunga meglio** di Marco, ma come posso persuadere Giulia di ciò?

La mamma di Piero
Sono la dottoressa Giovanna Di Blasi, la mamma di Piero e Michela. Mia madre si chiama Sonia Marzullo. Ieri durante la **festa di compleanno** di Michela, Piero ha cominciato a **ronzare attorno a** Giulia, la figlia di una mia amica. Giulia **ha una storia** con Marco, **un ragazzo di bella presenza** che **piace moltissimo** a tutte le ragazze e, anche se **è ancora presa da** Marco, penso che **si stuferà** presto! Marco è uno che **si dà delle arie** e Piero **è molto più in gamba** di lui. Adesso che Piero **le sta intorno**, Giulia avrebbe l'occasione di accorgersi che non c'è paragone fra i due e che mio figlio è molto meglio di Marco, ma **come posso farglielo capire?**

La sorella di Piero
Mi chiamo Michela, sono la sorella di Piero, siamo i figli di Giovanna e i nipoti di nonna Sonia. Piero e Giulia **si sono messi insieme** ieri sera al **big party** che i **genitors** mi hanno permesso di fare per i miei sedici anni. Prima di **mettersi con** mio fratello Piero, Giulia **stava con** Marco, un **figo pazzesco** che **piace un casino** a tutte e che **se la tira**. Adesso tutte le mie amiche **gli faranno il filo**, anche se lui **è ancora intortato da** Giulia. Mio fratello Piero è cento volte meglio degli altri, ma **come cavolo glielo ficco in testa** a Giulia? Quella è una che **si rompe** subito!

1. Nonna Sonia, Giovanna e Michela hanno raccontato la stessa storia in tre modi diversi. Concentrati sulle parti in grassetto e cerca di trovare delle espressioni corrispondenti nelle versioni dei vari componenti della famiglia.

Nonna Sonia	Mamma Giovanna	Michela

L'IPOD DI PIERO

Ciao a tutti, mi chiamo Piero e oggi vi parlerò del mio iPod. La mattina, appena mi alzo, ascolto la musica rock, che mi carica per tutta la giornata.

Appena arrivo in biblioteca cambio genere: musica classica, Vivaldi, Puccini, Rota…che vanno bene per studiare. Il mio amico Luigi, invece, con la musica classica si addormenta e allora ascolta la techno. Dopo pranzo, quando bevo il caffè prima della lezione, ascolto un po' di rap italiano. Poi, in classe, spengo l'iPod, se no il professore di matematica lo butta dalla finestra!

Alla fine della lezione riaccendo l'iPod e torno a casa sullo skateboard ascoltando hip hop. A casa, dopo cena, preferisco la musica d'autore. Tutto, basta che non sento la voce di mia sorella!

2. Che musica ascolta Piero in questi momenti della giornata?

mattina _____

pomeriggio _____

sera _____

3. **E tu ascolti musica?** Quale tipo di musica ti piace?

_____

_____

_____

_____

_____

_____

GLI SMS, OVVERO . . . TUTTA UN'ALTRA LINGUA

In Italia è esplosa da qualche anno la moda degli SMS (esse emme esse). L'SMS è un breve messaggio di testo che viene mandato via telefono cellulare e che nel tempo, per questioni pratiche, ha assunto forme sempre più stilizzate e talvolta poco…comprensibili.

4. Leggi lo scambio di SMS riportato qui sotto e trova la « traduzione » corrispondente nella colonna di destra.

___ GIULIA: c6?	(A)	Sono rotto.
___ MARCO: ki 6?	(B)	Con chi sei?
___ GIULIA: giulia. cm stai?	(C)	Ci vediamo dopo.
___ MARCO: +o-	(D)	Anch'io
___ GIULIA: ke fai?	(E)	Che fai?
___ MARCO: sn r8	(F)	Con Chiara.
___ GIULIA: ankio	(G)	Più o meno.
___ MARCO: cn ki 6?	(H)	Ci sei?
___ GIULIA: cn kiara	(I)	Giulia. Come stai?
___ MARCO: c ved dopo	(J)	Anch'io ti voglio bene.
___ GIULIA: ok tvb	(K)	Chi sei?
___ MARCO: ankio tvb	(L)	Ok, ti voglio bene.

5. Adesso manda un SMS a Chiara per sapere cosa sta facendo.

Tu	Chiara
_____	*sn in biblio*
_____	*studio kimica*
_____	_____
_____	
_____	*xké?*
_____	
_____	*ok a + tardi*
_____	

IL GERGO GIOVANILE

Vuoi imparare a parlare come i giovani italiani, almeno capire quello che dicono?
Per cominciare, ecco un vocabolarietto con brevi dialoghi pronto per l'uso.

Abbiocco

NONNA SONIA	«Perché non studi, Michela?»
MICHELA	«Nonna, oggi ho l'abbiocco.»
NONNA SONIA	«Che cos'hai?»
MICHELA	«Ho sonno!»

Bollito

NONNA SONIA	«Piero, sta' dritto con la schiena!»
PIERO	«Sono bollito…»
NONNA SONIA	«E che sei, un pollo?»
PIERO	«Sono stanco perché ho studiato tutto il giorno.»

Bombarsi

MICHELA	«Sai, ieri Giulia si è bombata di birra.»
PIERO	«Non è vero, non era affatto ubriaca.»

Ci sto dentro

NONNA SONIA	«Vuoi che ti faccia le lasagne a cena?»
PIERO	«Ci sto dentro!»
NONNA SONIA	«Nelle lasagne?»
PIERO	«Nonna, ci sto dentro vuol dire che va bene!»

Dare buca

MICHELA	«Ma', Giulia ha dato buca a Piero.»
MAMMA	«Ma quando?»
MICHELA	«Ieri in pizzeria. Non ci è andata e non gli ha neanche telefonato.»

Da paura

PIERO	«Nonna, 'ste lasagne sono da paura!»
NONNA SONIA	«Non ti piacciono?»
MICHELA	«Nonna, sono fantastiche!»

Essere fuori

MICHELA	«Mamma, Giulia è proprio fuori…!»
NONNA SONIA	«E falla entrare, poverina!»
MICHELA	«No, vuol dire che è tutta matta!»

Lecchino

PIERO	«Ma perché Giulia si è messa con quel lecchino di Marco?»
MICHELA	«Hai ragione, è proprio un ruffiano, sempre attaccato ai professori.»

Mi rimbalza

MICHELA	«Paola è pazza di te.»
PIERO	«Mi rimbalza.»
MICHELA	«Non ci credo, hai sempre detto che è carina.»

Proffia

MAMMA	«Allora, cos'è questo brutto voto in matematica?»
MICHELA	«Mamma, è la proffia che non mi sopporta!»

Secchione

NONNA SONIA	«Che bravo Piero che studia sempre…»
MICHELA	«È un secchione.»
NONNA SONIA	«Non dire queste cose di tuo fratello!»
MICHELA	«Ma no, vuol dire che studia tanto!»

Tamarro

NONNA SONIA	«Quella Giulia si veste proprio male: la gonna blu, il maglione marrone, le scarpe da tennis e poi quei capelli tutti spettinati!»
MICHELA	«Sì, nonna, è proprio una tamarra.»
NONNA SONIA	«Sì, è proprio una tamarra…»

Tirarsela

MICHELA	«Quanto se la tira Giulia da quando è stata eletta Miss Kimmel Center…»
PIERO	«Giulia è bellissima, fa bene a vantarsi.»

Togo

MICHELA	«Mamma, ieri ho conosciuto un tipo toghissimo!»
MAMMA	«Che fa?»
MICHELA	«Canta in un gruppo rock.»
NONNA SONIA	«Sì, Giovanna, è proprio un tipo da sballo!»

6. Secondo te che cosa intende dire nonna Sonia con un «tipo da sballo?»

_____

_____

7. Adesso prova tu a scrivere un dialogo tra due ragazzi usando alcune delle espressioni che hai imparato sopra.

_____

_____

_____

_____

_____

_____

_____

_____

8. **Vediamo se capisci come parla un giovane italiano…** Unisci le espressioni riportate qui sotto alle immagini.

1	2
3	4
5	6	7

____ Sono bollito.

____ Sei proprio un lecchino!

____ Che abbiocco!

____ Quanto te la tiri!

____ Ma sei fuori?

____ Che togo!

____ Mi rimbalza.

L'italiano di tutti i giorni

MARINARE LA SCUOLA IN ALCUNE CITTÀ ITALIANE

—Cosa fai quando fuori è una bellissima giornata e vuoi andare in spiaggia?

—Oppure quando non hai studiato per il quiz di italiano?

—O quando tua cugina, che non vedi da tanto tempo, è in città e ha voglia di fare spese con te?

—E quando vuoi andare in sala giochi?

—Giocare a biliardo?

—A tennis?

—O semplicemente mangiare un gelato in piazza alle 11 di mattina?

Niente scuola!

I tuoi professori non saranno molto contenti, i tuoi genitori ancora meno, ma se stai attento nessuno lo scoprirà...

Il linguaggio giovanile esprime in tanti modi un'attività molto comune tra gli studenti un po' di tutto il mondo. In passato si diceva «marinare la scuola», adesso...

Aosta	→	schissare
Torino	→	tagliare
Bergamo	→	impiccare
Milano	→	bigiare
Mantova	→	fare sgrich
Bolzano	→	fare blau
Trento	→	bigiare
Verona	→	far berna
Genova	→	saltare
Reggio Emilia	→	fare fuga
Rimini	→	fare puffi
Firenze	→	fare forca
Roma	→	fare sega
Napoli	→	fare filone
Crotone	→	fare scimpalè
Messina	→	sparare
Cagliari	→	fare vela
Agrigento	→	fare luna

9. Oggi non sei andato a scuola perché è una giornata da favola e avevi voglia
    di…guarda le immagini qui sotto e descrivi la tua giornata.

10. Un Pinocchio di oggi.

Conosci la storia di Pinocchio? Pinocchio era un burattino di legno che voleva
diventare un bambino. Ma diceva sempre bugie e, quando lo faceva, gli cresceva il
naso. Ma soprattutto, se si comportava male, da bambino in carne e ossa tornava
a essere un burattino di legno.

Ora immagina un Pinocchio dei nostri giorni, un ragazzo come tanti, che studia
al liceo, ha degli amici, va al cinema e…marina la scuola. Raccconta un episodio
della sua storia utilizzando il gergo giovanile imparato. Cerca di inserire anche
alcuni personaggi come: Geppetto (il padre falegname), la fata turchina, il grillo
parlante (la voce della coscienza), il gatto e la volpe…

APPUNTAMENTO PER L'APERITIVO

Stasera Piero, Michela e i loro amici si sono dati appuntamento via SMS al bar di Vittorio per l'aperitivo. Ci vanno ogni settimana, dopo un pomeriggio passato in biblioteca, oppure, per chi lavora, alla fine di una giornata in ufficio. Ormai è diventata un'abitudine, ma prima che lo fosse per loro, l'aperitivo italiano era già una tradizione tutta italiana. Che cos'è, quindi, l'aperitivo?

L'aperitivo ha una storia che risale a più di duecento anni fa e ha origine a Torino. Qui, nel 1786, un inventore chiamato Antonio Benedetto Carpano aveva una bottega in centro, dove cominciò a produrre un vino bianco mescolato a erbe e spezie che divenne ben presto una bevanda tipica italiana: il *vermouth*. Prodotto in più di trenta varietà, prese il nome dal tedesco «Vermut», che significa assenzio. Questa bevanda divenne così famosa che il negozio di Carpano iniziò a lavorare ininterrottamente.

Il *vermouth* era una bevanda molto popolare anche perché era zuccherata, e quindi più appropriata per le signore che, verso sera, si trovavano a chiacchierare negli eleganti caffè della città.

Da allora, il *vermouth* è stato esportato in tutto il mondo ed è diventato uno dei simboli della «vecchia» Torino. Tra le imprese commerciali che hanno iniziato a esportarlo, c'è la Martini & Rossi che ne ha fatto il suo **cavallo di battaglia**. Così come in passato *vermouth* identificava il primissimo aperitivo, oggi *Martini* definisce il rito moderno del bicchiere prima di cena, possibilmente accompagnato da qualche **stuzzichino**. È buffo pensare che il vecchio *vermouth*, un vino speziato dall'origine e dal carattere così classici, non sia altro che il moderno *Martini*! Eppure niente è cambiato, se non le variazioni che si possono aggiungere al suo sapore inconfondibile.

Ma l'aperitivo non è, appunto, soltanto un tipo di bevanda alcolica. È un vero e proprio rito che gli italiani amano molto. Ritrovarsi al bar per un aperitivo è un'occasione di incontro meno impegnativa di una cena, dinamica ma allo stesso tempo rilassante, lo stacco dal lavoro per il riposo serale, e, nella Torino della fine del 1700, l'opportunità per intellettuali, visitatori, statisti di incontrarsi e discutere di politica e cultura.

Poi l'aperitivo è arrivato a Milano…e si è trasformato.

L'aperitivo **meneghino** è un rito che risale intorno al 1920, quando, come a Torino, ci si riuniva per un bicchiere di vino prima dei pasti. Ma a Milano l'aperitivo, un *cocktail* a base di Campari, veniva servito insieme a **stuzzichini** e piccole porzioni di cibi freddi, come patatine, olive, tramezzini.

Negli anni ottanta si importa dagli Stati Uniti l'usanza dell'*happy hour*, che consiste nel vendere le bevande a metà prezzo a una certa ora della sera. Generalmente ancora oggi l'*happy hour* dura una o due ore e coincide con il momento prima della cena.

In quel periodo qualche locale milanese inizia a offrire piatti caldi invece delle solite patatine, e dallo stuzzichino si passa a piatti sempre più sostanziosi: risotto, pastasciutta, salumi, carne, verdure. Un vero e proprio pasto.

Bisogna anche dire che in certe città italiane accompagnare l'aperitivo con un'offerta molto sofisticata di piattini è un'abitudine ben più antica dell'*happy hour*. A Venezia e in altre città del Veneto, per esempio, con l'aperitivo si consumano piccoli assaggi di pesce, prosciutto, verdure e altro, chiamati «cicchetti».

---

11. Adesso, insieme a un tuo compagno o una tua compagna, rispondi alle domande sul brano appena letto. Scrivi le risposte e prepara una breve presentazione da esporre in classe.

   1. Dov'è nato l'aperitivo?

   _____

   2. Qual è l'origine del suo nome?

   _____

   3. Quando e dove è iniziato a cambiare il rito dell'aperitivo?

   _____

   4. Come?

   _____

   5. Cos'è l'happy hour?

   _____

   6. Cosa sono i «cicchetti»?

   _____

12. Immagina di essere il proprietario di un nuovo locale molto alla moda, la cui specialità è un aperitivo di tua invenzione. Pensa a un cocktail particolare, dagli un nome, completa l'aperitivo con una scelta di stuzzichini e…cin cin!

Nome dell'aperitivo

_____

Ingredienti dell'aperitivo

_____

Stuzzichini

_____

13. **Indovina il film.** Leggi le quattro trame riportate qui sotto e indovina il titolo di ogni film.

1. Nel 1985, in una città californiana, un ragazzo che si chiama Marty McFly scopre che il suo amico scienziato, «Doc», ha inventato una macchina che può viaggiare nel tempo. Mentre prova la macchina, però, Doc viene ucciso dai terroristi a cui aveva rubato il plutonio per far funzionare la sua invenzione. Marty, che si trova lì, deve scappare e, alla guida della macchina del tempo, si trova all'improvviso nel 1955, senza il combustibile necessario a farlo tornare indietro. Mentre cerca di scoprire come ritornare al futuro, fa degli incontri sorprendenti: Doc 30 anni più giovane, suo padre e sua madre…

   __ __ T __ __ __ O   __ L   __ __ __ __ __ O

2. Una prostituta incontra un affascinante uomo d'affari, che la paga per passare la notte insieme. Il mattino successivo, lui le propone di trascorrere due settimane con lui, introducendola per la prima volta nell'alta società. In questo periodo i due imparano molte cose uno dell'altra e a poco a poco il loro rapporto inizia a cambiare…

   __ __ __ T __ __   __ O __ __ __

3. Per Natale, uno strampalato inventore di strani oggetti porta a casa al figlio Milly un cucciolo che ha preso in un vecchio negozio cinese. La creatura è diversa da tutti gli animali che si conoscono, è un Mogwai di nome Gyzmo, una specie di orsacchiotto affettuoso. Per Gyzmo bisogna rispettare tre precise regole: 1) sempre lontano dall'acqua, 2) lontano dalla luce diretta e 3) mai farlo mangiare dopo la mezzanotte, però…

   __ __ __ M __ __ __ __

4. In un paese siciliano subito dopo la seconda guerra mondiale il cinema è l'unico divertimento. Salvatore, un bambino, impara presto a proiettare i film. Quando diventa un ragazzo si innamora di Elena, una ragazza di buona famiglia. Salvatore parte militare e, tornato al paese, trova tutto cambiato. Rivede anche Elena, sposata con figli, e tra i due c'è un momento di rimpianto e di tenerezza, ma poi…

   __ __ O __ __   __ __ __ M __   __ __ __ __ D __ __

14. **Ora pensa a un film che conosci e raccontane la trama ai tuoi compagni.** Chi indovina per primo, racconterà la trama del film che ha scelto.

15. **Riordina il film.** «La vita è bella» è uno dei film italiani più conosciuti all'estero, e ha vinto 3 Premi Oscar nel 1999. Metti in ordine la trama.

_____ Per proteggere Giosuè dalla verità, Guido inventa un gioco e gli fa credere che quello che stanno vivendo è una finzione, e il premio finale sarà un carro armato vero.

_____ Dopo qualche incontro che sorprende Dora, i due si innamorano e si sposano.

_____ Come primo lavoro, Guido fa il cameriere nell'albergo dove lavora suo zio Eliseo.

_____ Sei anni dopo nasce Giosuè.

_____ Siamo nell'Italia fascista del 1938. Guido, un giovane ebreo, e il suo amico Ferruccio cercano fortuna in città.

_____ Ma la loro felicità non dura a lungo: a causa delle leggi razziali Guido e suo figlio vengono deportati in un campo di concentramento.

_____ Mentre lavora come cameriere, Guido conosce una giovane donna che continua a incontrare per caso, Dora, che fa la maestra elementare nella scuola della città.

_____ Dora raggiunge il marito e il figlio, senza però incontrarli mai.

16. Scrivi cinque frasi usando queste parole o espressioni legate al mondo del cinema.

interprete _____

biglietteria _____

personaggio _____

programma _____

all'aperto _____

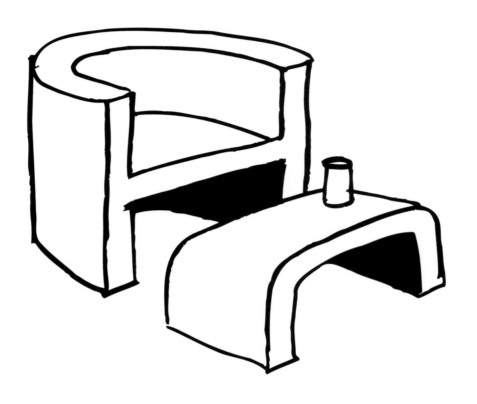

Il design

CASA E DESIGN

È finita l'era delle casalinghe disperate e annoiate! Adesso, grazie agli
elettrodomestici e utensili di design, fare i lavori di casa è elegante e divertente,
con l'aiuto di prodotti funzionali e attraenti. Il design entra nelle case italiane
e internazionali con moltissimi articoli, alcuni dei quali sono persino esposti
in noti musei di design, come pezzi rappresentativi di una nuova concezione
dell'utile. Se prima si univa l'utile al dilettevole, oggi si unisce l'utile all'elegante!

1. Rispondi alle seguenti domande.

    1. Come sono i nuovi prodotti usati dalle casalinghe?

        _____

    2. Cosa vuol dire « unire l'utile al dilettevole »?

        _____

    3. A casa tua ci sono prodotti di design?

        _____

2. Completa questa griglia.

aggettivi per le casalinghe	aggettivi per gli oggetti
_____	_____
_____	_____
_____	_____
_____	_____

3. **A cosa servono questi prodotti?** Abbina l'oggetto alla sua funzione.

___ grattugia	(A) fare il caffè
___ tritaverdure	(B) preparare l'aranciata
___ bilancia	(C) pesare gli alimenti
___ contaminuti	(D) tagliare il pane
___ spremiagrumi	(E) pulire tutto
___ scolapasta	(F) tagliare le zucchine
___ tagliere	(G) scolare la pasta
___ aspirapolvere	(H) grattugiare il parmigiano
___ caffettiera	(I) calcolare il tempo di cottura

4. **Chi sono?** Qui sotto ci sono le definizioni di alcune professioni creative.
   Risolvi gli anagrammi.

   1. Senza di lui i film restano senza __ direzione.

      ASTRIGE   R __ __ __ __ __ __

   2. È lui che immagina i luoghi in cui abitiamo.

      TECHIRATTO   A __ __ __ __ __ __ __ __

   3. Inventa storie che ci appassionano.

      SCIRETTO   S __ __ __ __ __ __

   4 Interpreta ruoli femminili al cinema e a teatro.

      CIRETTA   A __ __ __ __ __ __

5. **Quali di questi mestieri secondo te è il più creativo?** Perché? Ordina i mestieri
   lungo la linea della creatività. Se vuoi puoi aggiungerne degli altri.

   _____ ➔

6. Conosci i nomi di qualche italiano che fa i mestieri visti sopra?

   _____
   _____
   _____
   _____
   _____
   _____
   _____
   _____

7. **Oggi Piero ha molte commissioni da sbrigare**. Ecco la lista: combinatele in modo logico e costruite delle frasi.

9 am	università	professore
10 am	macellaio	iPod
11 am	negozio di computer	fotocopie del libro di storia
12 pm	tabacchino	macinato per il ragù
1 pm	ufficio postale	passaporto
2 pm	questura	bollette del gas
3 pm	copisteria	patente
4 pm	motorizzazione	accompagnare Michela
5 pm	scuola di danza	comprare le pile

Es.: *Alle 9 di mattina Piero va all'università a parlare con il professore.*

1. _____

2. _____

3. _____

4. _____

5. _____

6. _____

7. _____

8. _____

9. _____

IL DESIGN ITALIANO

L'Italia crea molti prodotti che sono conosciuti in tutto il mondo grazie al loro design. In qualche caso il design diventa tanto importante che il nome del prodotto scompare e rimane solo il nome dell'azienda.

8. **Leggi queste definizioni e completa le parole corrispondenti.** Poi trova una marca italiana corrispondente al prodotto, se la conosci.

   1. Fa il caffè.

      __ A __ F __ __ __ I __ __ __   →   _____

   2. Piacciono molto alle donne, soprattutto nelle occasioni speciali.

      G __ __ I __ __ L __   →   _____

   3. Ci sono quelle con il tacco, quelle con le stringhe, quelle basse, i sandali, le ballerine…

      __ __ __ R __ __   →   _____

   4. In autostrada può raggiungere i 160 chilometri all'ora.

      __ __ __ __ M __ B __ __ __   →   _____

9. Adesso guarda queste immagini e abbina un aggettivo a ogni disegno.

   (1) elegante
   (2) spiritoso
   (3) pratico
   (4) comodo
   (5) bello

○   ○

○   ○   ○

10. **Associazione di idee.** A cosa ti fanno pensare questi oggetti?

motorino	→ *estate*	→ _____	→ _____	→ _____
vasi	→ _____	→ _____	→ _____	→ _____
automobile	→ _____	→ _____	→ _____	→ _____
caffè	→ _____	→ _____	→ _____	→ _____
diamante	→ _____	→ _____	→ _____	→ _____

11. **Il mio oggetto preferito.** Qual è l'oggetto che ti piace di più e che non lasceresti mai? E perché? Parlane con un tuo compagno o una tua compagna, descrivi le sue caratteristiche, e spiega perché è così essenziale per te.

_____

_____

_____

_____

_____

_____

12. Guarda le immagini qui sotto e uniscile all'elettrodomestico appropriato.

1. contaminuti
2. caffettiera
3. tagliere
4. grattugia
5. aspirapolvere
6. scolapasta
7. tritaverdure
8. spremiaglio
9. bilancia

13. **Chi sono?** Quale professione svolgono i personaggi qui sotto?
Scrivi la definizione appropriata accanto a ogni immagine.

14. Raggruppa questi prodotti nelle categorie corrispondenti.

grattugia	bilancia	spremiagrumi
tritaverdure	aspirapolvere	scolapasta
motorino	caffettiera	24 ore
fotocopiatrice	posate	stilografica
auto	telefonino	lettore mp3
agenda	calendario	stereo
computer	bicicletta	poltrona
padella	macchina fotografica	

casa	tempo libero	trasporti	lavoro
_____	_____	_____	_____
_____	_____	_____	_____
_____	_____	_____	_____
_____	_____	_____	_____
_____	_____	_____	_____

Conosci L'Italia

L'AUTOMOBILE E GLI ITALIANI

L'uomo italiano ha una grande passione per le automobili. Per alcuni è un vero e proprio amore.

Le automobili italiane sono conosciute e amate in tutto il mondo per l'eleganza della loro linea, tanto da diventare dei veri status symbol.

Ma vediamo un po' di storia…

In Italia la produzione di automobili è iniziata nel 1895. Le maggiori case di produzione di automobili italiane sono tre: la Fiat, l'Alfa Romeo e la Lancia. Il mercato di queste case si concentra soprattutto sul territorio nazionale, ma l'Italia produce anche auto sportive conosciute in tutto il mondo. Avrai sicuramente sentito parlare, o visto, una Ferrari, una Maserati, una Lamborghini…

15. L'università vuole premiarti per i tuoi bei voti in italiano con una di queste tre macchine. Se prenderai un B+, vincerai la Cinquecento (n. 1), se prenderai un A-, vincerai la Maserati (n. 2), se prenderai un A (n. 3), vincerai la Ferrari.

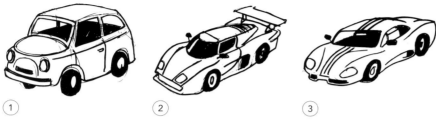

Cosa farai se vincerai una di queste tre macchine?

_____

_____

Se vincessi la Cinquecento, dove andresti? E se vincessi la Ferrari?

_____

_____

16. **Dimmi che auto scegli e ti dirò chi sei.** Osserva le immagini delle tre automobili e scegli quella che ti piace di più.

1. Quale auto hai scelto?

    A la Ferrari

    B la Maserati

    C la Cinquecento

2. Perché l'hai scelta?

    A mi piace il colore

    B mi piace la forma

    C mi piace il film in cui l'ho vista

3. A che cosa ti fa pensare l'immagine della Cinquecento?

    A alla Dolce Vita

    B all'industria italiana

    C a tua nonna

4. Se dovessi scegliere tra una Ferrari con un motore molto delicato e una Fiat Cinquecento forte come una roccia, cosa sceglieresti?

    A la Ferrari con il motore delicato

    B la Cinquecento forte come una roccia

    C la Ferrari con un buon meccanico

5. Secondo te, un'automobile è...

   A un giocattolo

   B un semplice mezzo di trasporto

   C la testimonianza del benessere economico di chi la possiede

6. Ti piace guidare?

   A sì

   B no

   C solo se è una Maserati Biturbo

7. Che cos'è un'utilitaria?

   A una valigetta 24 ore

   B una macchina da città di dimensioni contenute

   C una persona che sa fare un po' di tutto

8. E una berlina?

   A un'auto familiare a cinque posti

   B un'abitante di Berlino

   C un cesto fatto di bambù

9. Che cos'è la carrozzeria?

   A la struttura esterna di un'auto

   B la corporatura di una donna procace

   C un'azienda che noleggia carrozze

10. Se potessi comprarti un'automobile, di quale nazionalità la vorresti?

   A giapponese

   B tedesca

   C italiana

Ora conta quante risposte A, B e C hai dato e leggi i risultati del test qui sotto riportati.

Maggioranza di A
Sei un conoscitore del mondo delle automobili e dimostri un gusto avventuroso e audace nei confronti della vita. Se dovessi essere un'auto, saresti senz'altro un'auto di lusso.

Maggioranza di B
Sei uno spirito pratico, una persona che tiene saldi i piedi per terra. Le sorprese non ti piacciono, anche se sai apprezzare le belle cose. Se fossi un'auto, saresti un'utilitaria (ma decappottabile).

Maggioranza di C
Sei decisamente una persona fantasiosa e piena di inventiva. Che un'auto sia costosa o meno non ti interessa: l'importante è che piaccia a te, e che faccia viaggiare anche la tua immaginazione. Se fossi una macchina, saresti un'auto d'epoca.

17. Quattro progetti, un'icona del futuro

Riflettori puntati sui quattro progetti finalisti, sviluppati dagli studenti del
Master in Design del Futuro. Selezionati dal famoso architetto Bernardo Tiralacqua a
Vienna per dare forma al lavandino del futuro. Quale vincerà ed entrerà in catalogo?

Progetto di Laura Bevilacqua (Firenze)
Il nostro è un lavandino diverso dagli altri. La qualità del progetto è data
dall'originalità della sua forma. Il nostro lavandino è infatti a forma di scolapasta.
Tutto in legno, per cui non è possibile utilizzare l'acqua.
Il nostro è un lavandino che può essere utilizzato come portafiori. I fiori
devono essere finti. Il segreto della sua bellezza sta nel contrasto tra l'aspetto
instabile del lavandino, leggero e pieno di buchi, e la forza del legno.

Progetto di Stefania Pulito (Venezia)
Il nostro è un lavandino che si impone per la purezza e la semplice perfezione
del disegno. L'oggetto nasce interamente da un unico pezzo di plastica.
All'interno ci sono sette fontane di acqua colorata. Il lavandino è alto tre metri,
quindi è inclusa una scala per poterci salire.

Progetto di Giorgio Lavatu (Cagliari)
Il nostro lavandino è un oggetto sexy e ironico dalla presenza importante, quasi
una scultura. È un lavandino tutto trasparente e rotondo. La nostra idea si traduce
in un lavandino morbido e avvolgente, che ruba le forme alla moda. Questo
simpatico lavandino risponde all'esigenza contemporanea di trattare anche gli
interni, domestici e non, come una scenografia.

1. E sei tu il quarto finalista! Parlaci del tuo bellissimo lavandino.

_____

_____

_____

_____

_____

_____

_____

_____

18. Tocca ancora a te...

Immagina di essere un giovane designer e di avere un prodotto da presentare alla prestigiosa *Fiera Internazionale di Design* di Milano. Puoi scegliere tra le categorie:

attrezzi da cucina   arredamento   gioielleria   tecnologia

Descrivi il tuo prodotto tenendo conto di queste caratteristiche:

—*design*
—*funzionalità*
—*originalità*

Categoria: _____

Nome del prodotto: _____

Caratteristiche: _____

                              _____

                              _____

                              _____

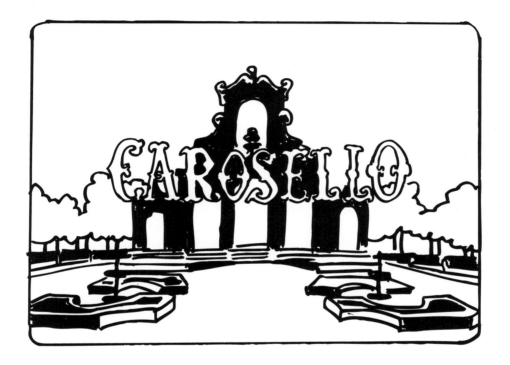

UNITÀ DICIOTTO

La pubblicità

STORIA DELLA PUBBLICITÀ

Quando è nata la pubblicità?

La prima forma di pubblicità risale ai tempi dell'antica Roma: scritte sui muri delle città come Roma e Pompei, che invitavano la cittadinanza a partecipare a feste e spettacoli organizzati migliaia di anni fa.

Nel Medioevo, invece, la pubblicità non era tanto scritta, quanto parlata, o meglio: urlata. È a quest'epoca che risalgono infatti i famosi **banditori** al servizio perlopiù di commercianti, che leggevano bandi, o avvisi, in pubblico, oppure **reclamizzavano** un prodotto gridando le sue qualità a gran voce nei mercati della città. Ancora oggi in Italia è possibile trovare i discendenti di questi banditori, proprio al mercato: quante volte succede di camminare per i banchi del mercato rionale e sentire la voce grossa e potente di un fruttivendolo, un venditore di abiti, un commerciante di oggetti per la casa, che ci urlano nelle orecchie le straordinarie caratteristiche della loro merce? Questa pratica, accompagnata dall'uso di tamburi e trombette, è stata largamente diffusa fino agli anni Quaranta nei piccoli paesi italiani, quelli in cui la televisione non era ancora entrata nelle case di tutti.

Ma prima della televisione, il mezzo più usato per la **reclame** di un prodotto è stato la carta stampata. Con l'invenzione della prima macchina da stampa, diventa possibile raggiungere anche le persone più lontane. Il primo annuncio pubblicitario della storia risale al 1479, ed è opera di un editore inglese, W. Caxton, che pubblicizzò in questo modo i propri libri. In questo periodo nascono anche le prime **insegne pubblicitarie**, cartelli tipici di alcune attività che ogni commerciante appendeva fuori dalla propria bottega per distinguersi dagli altri.

Bisogna aspettare gli anni Trenta del 1600 per assistere alla creazione di un servizio pubblicitario vicino a ciò che conosciamo. Siamo in Francia, a Parigi, dove un imprenditore chiamato T. Renaudot fonda un giornale di annunci pubblicitari a pagamento. Vent'anni dopo, **sulla scia del successo** acquisito dal francese, esce in Inghilterra una gazzetta con le stesse caratteristiche.

Da questo momento in avanti la diffusione della stampa pubblicitaria si estende a tutto il mondo, in seguito alla produzione sempre più massiccia delle merci. Sono gli anni della rivoluzione industriale, quando l'aumento di prodotti offerti al pubblico è tale che diventa necessario «battere la concorrenza» e fornire quanta più informazione possibile nel modo più efficace. In questo periodo sono gli Stati Uniti che fanno molti progressi in questo campo, attraverso una creazione geniale: il catalogo. Un libro (in seguito arricchito di illustrazioni) che ha il compito di descrivere le caratteristiche dei prodotti proposti, in particolare, da produttori di sementi e case editrici.

Nella seconda metà del 1800 la pubblicità evolve e adotta due canali di comunicazione: i giornali quotidiani, che riportano prevalentemente inserzioni pubblicitarie, e i manifesti, che mostrano invece immagini e slogan. Molto spesso questi manifesti venivano dipinti da famosi artisti quali, ad esempio, Henri de Toulouse-Lautrec.

La prima pubblicità proiettata durante un film appare nel 1904 a Parigi, e da questo momento si sviluppa sempre di più, al punto che verso gli anni Venti del 1900 è già definita da regole precise. Queste regole, riportate nel primo trattato di tecnica pubblicitaria nel 1925, sono cinque. Secondo queste norme, un prodotto deve essere **visto**, **letto**, **creduto**, **ricordato** e, naturalmente, **comprato**.

A cavallo di questi anni, immediatamente dopo la prima guerra mondiale, la pubblicità cresce e migliora ulteriormente. Ora non sono utilizzati solo la carta e la radio, ma, grazie all'energia elettrica, **fanno la loro apparizione** le prime insegne luminose. È comunque la televisione che dà l'impulso maggiore allo sviluppo della pubblicità, e ancora una volta sono gli americani che perfezionano un'idea e fanno un passo in più: nel 1953 inventano lo *spot pubblicitario* e portano la pubblicità in TV. In Italia, questo concetto arriva quattro anni dopo, con il *Carosello*, una trasmissione quotidiana fatta di scenette e cartoni animati che avevano il compito di intrattenere il pubblico pubblicizzando un dato prodotto.

Siamo ormai alla fine del ventesimo secolo, quando arriva la prima vera minaccia allo sviluppo smisurato della pubblicità e della sua influenza sulla vita quotidiana: i primi videoregistratori, grazie ai quali, registrando un film, diventa facile saltare lo stacco pubblicitario. Che fare? I pubblicitari, che **ne sanno una più del diavolo**, inventano un'alternativa alla pubblicità classica: la sponsorizzazione. La pubblicità non spezza un programma, ma lo finanzia; non interrompe un film, ma lo introduce. Oppure il prodotto è piazzato direttamente dentro il film, è usato dai protagonisti.

E dopo? Qual è il passo successivo?

Dopo, come tutti sappiamo, è arrivato Internet…

---

1. Leggi il brano riportato qui sopra e, insieme all'insegnante e a un compagno o una compagna, rispondi alle seguenti domande.

    1. Ecco alcune parole ed espressioni sottolineate che hai trovato. Che cosa significano?

       banditori: _____

       reclame, reclamizzare: _____

       insegne pubblicitarie: _____

       sulla scia del successo: _____

       fanno la loro apparizione: _____

       ne sanno una più del diavolo: _____

    2. Quando è nata la prima forma di pubblicità?

       _____

       _____

3   Qual è stato, secondo te, il cambiamento più importante nell'evoluzione della pubblicità?

_____

_____

4. Quali sono le qualità che una buona pubblicità deve avere?

_____

_____

5. Quale parte di noi pensi che reagisca con più immediatezza a un messaggio pubblicitario?

_____

_____

6. Quali sono i mezzi più efficaci adottati dalla pubblicità?

_____

_____

7. Ti piace la pubblicità? Perché?

_____

_____

2. **Vediamo se lo sai…** Quando è stata inventata la prima macchina da stampa? Da chi?

_____

_____

_____

3. Nel brano che abbiamo letto, sono riportate le cinque regole che definiscono una buona pubblicità: un prodotto deve essere visto, letto, creduto, ricordato e comprato. Quanta importanza ha, secondo te, ognuna di queste regole? Se dovessi pubblicizzare un prodotto di tua scelta, come useresti e applicheresti ognuna di queste cinque regole? Insieme a un compagno o una compagna discuti di questo punto.

SE CI FOSSE ANCORA IL CAROSELLO

PIERO   Nonna, ma cos'è il Carosello?

NONNA   Il Carosello è la prima forma di pubblicità che abbiamo avuto in Italia.

PIERO   E quando è nato?

NONNA   Uh, nonno e io abitavamo ancora a Torino, mamma aveva 13 anni, zia Rita e zio Paolo non avevano ancora comprato casa…

MICHELA   Nonna!

NONNA   Eh, un attimo di pazienza! 1957. Era il 1957. Aveva una bella **sigletta** all'inizio, com'è che faceva? Ah, sì… Ta-ta-ta-ta-ta-tataratatà…

MICHELA   Mai sentita.

NONNA   **E per forza**, è finito molti anni fa. Che peccato, era così bello… Iniziava con un teatrino, si alzava il sipario e c'erano tante belle scenette: Calimero, Jo Condor, Gringo e poi il Caballero misterioso. E si vedevano tutte le città d'Italia… Venezia, Napoli, Roma…

MICHELA   **Uffa**, nonna!

NONNA   C'era anche il **Girotondo**, che erano le pubblicità per i bambini. Vi sarebbe piaciuto tanto…

PIERO   Nonna, ma c'era tutte le sere?

NONNA   Sì, e ogni pubblicità durava due minuti.

PIERO   Due minuti?

MICHELA   Bello… E quand'è che è finito?

NONNA   Vediamo… Era l'anno che il nonno ha lasciato la Fiat e ha aperto il negozio in via Rossini, ma la casa non l'avevamo ancora comprata, e se l'avesse comprata allora l'avremmo pagata meno…

PIERO   Nonna, **stringi**.

NONNA   Dieci anni prima che nascessi tu, Piero. Questo me lo ricordo bene. E poi è arrivata la pubblicità, che non ti fa vedere neanche un film **per intero**. Eh, se ci fosse ancora il Carosello…

4. **Che cosa significano le espressioni sottolineate?** Trova il significato
corrispondente nella colonna di destra.

___ sigletta	(A)	un movimento circolare fatto da bambini che si tengono per mano
___ e per forza	(B)	dall'inizio alla fine
___ uffa	(C)	canzoncina che apre e chiude una trasmissione
___ girotondo	(D)	finisci il discorso
___ stringi	(E)	certamente
___ per intero	(F)	espressione di noia

5. **Lo slogan giusto.** Collega le immagini dei prodotti agli slogan appropriati.

___ Mentiglia. Il brivido che sveglia.

___ Cenerentola chi?

___ Virgola. Il dettaglio che mancava.

___ Così lo fanno solo gli italiani.

___ Una pelle di pesca.

___ Ora del break, ora di Chocoflake!

6. **Qual è la pubblicità che ti piace di più e perché?** Parla con un compagno o una
compagna della pubblicità che preferisci: perché funziona secondo te? Aiutati
con gli elementi riportati qui sotto.

Lo slogan è _____.

Il nome del prodotto è _____.

Le immagini sono _____.

La musica è _____.

Gli attori scritturati sono _____.

Il messaggio è _____.

7. Guarda le immagini di prodotti riportate qui sotto e trova un nome e uno slogan
   per ognuno. **Ricorda: deve essere un messaggio che convince subito!**

1. _____
2. _____
3. _____
4. _____
5. _____
6. _____
7. _____
8. _____
9. _____
10. _____
11. _____

8. **Una campagna pubblicitaria: «Evviva la Torta-contorta!»** Nonna Sonia ha inventato una nuova ricetta: la *Torta-contorta*. In famiglia sono tutti impazziti per questa nuova torta. Nonna Sonia ha subito spedito la torta a una famosa industria dolciaria che le ha subito risposto. Completa il testo con le parole della lista. **Attenzione! C'è una parola in più.**

cannoli   possibile   saluti   mondo   buonissima

Signora Marzullo,

Saremo brevi. Vogliamo solo dirle che la sua *Torta-contorta* è _____ .
Non c'è una torta come la sua in tutto il mondo. Vogliamo produrre la sua
Torta-contorta il più presto _____ , creare una campagna pubblicitaria
e venderla in tutto il _____ . Le manderemo il contratto domani
stesso. Nel contratto le offriamo 3,000 euro per avere la ricetta e poi le daremo 3
euro per ogni torta venduta. Aspettiamo la sua risposta.

Distinti _____ ,

Ditta *Mulino Allegro*

9. Il direttore della ditta *Mulino Allegro* ha fatto assaggiare la *Torta-contorta* di nonna Sonia ad alcuni cittadini. Provate ad immaginare che cosa hanno detto usando alcune delle seguenti parole ed espressioni.

forma   gusto   sapore   consistenza   fenomenale
squisito   incredibile   fantastico   meraviglioso   da leccarsi i baffi

Un commerciante: _____
_____

Un vigile urbano: _____
_____

Un turista: _____
_____

Uno studente universitario: _____
_____

10. A questo punto l'ufficio pubblicità della ditta *Mulino Allegro* ha deciso di chiedere l'aiuto a un gruppo di giovani e ha fissato un incontro con voi per raccogliere i vostri suggerimenti per creare una campagna pubblicitaria. Queste sono le domande della ditta:

1. Che cosa pensate della *Torta-contorta*?

   _____

   _____

2. A chi dobbiamo rivolgerci con questa campagna?

   _____

   _____

3. Come possiamo essere efficaci e convincenti?

   _____

   _____

4. Quali mezzi dobbiamo adottare? (TV, manifesti, radio...)

   _____

   _____

5. Ora lo slogan... Create uno slogan per la *Torta-contorta*. Il migliore sarà premiato!

   _____

   _____

6. Quale simbolo suggerite per la campagna? Disegnatelo qui sotto.

11. Inventiamo uno slogan pubblicitario per tutti i nuovi prodotti della ditta «Lapietra». Completa le frasi, facendo attenzione ai verbi che richiedono una preposizione.

Con l'appendiabiti «Lapietra» riesci **a/di** _____

E non ti dimenticherai mai **a/di** _____

Il bavaglino «Lapietra» è perfetto per cominciare **a/di** _____

I vostri bebè finiranno **a/di** _____

Pensate **a/di** _____ una lavagna «Lapietra»?

La lavagna «Lapietra» è fatta a posta per imparare **a/di** _____ .

Come si potrebbe vivere senza continuare **a/di** _____

Con la bellissima maniglia «Lapietra» non avrete più paura **a/di**

_____

Vi consiglio **a/di** _____

Grazie al portaombrelli «Lapietra» vi divertirete **a/di** _____

Come sarebbe la vita senza il temperamatite «Lapietra»? Cercate **a/di**

_____

Andate subito **a/di** _____

Se fa un freddo bestiale, hai bisogno **a/di** _____

Il paraorecchi «Lapietra» ti aiuta **a/di** _____

12. **Nuovo prodotto «Lapietra»!** Adesso prova a scrivere uno slogan su un prodotto «Lapietra» a tua scelta, con i verbi che non hanno bisogno di preposizione prima dell'infinito.

| amare | desiderare | preferire | volere | potere |
| dovere | sapere | | | |

_____

_____

_____

_____

_____

_____

_____

13. **Un colloquio di lavoro in un'agenzia pubblicitaria.** Vediamo se sei creativo: potresti avere un futuro come pubblicitario! Per essere assunto nella famosa agenzia di pubblicità *Pangrattato* devi superare quattro difficilissime prove.

Prima prova

Conosci questo gioco? Si chiama «Nomi, cose e città». Adesso verifichiamo se sei abile con le parole. Completa questo schema in 15 minuti.

nomi	cose	città	animali	frutta	verdura	mestieri	prodotti
Agata	*accendino*	*Asti*	*aquila*	*arancia*	*aglio*	*architetto*	*Ajax*
C							
L							
M							
S							
P							
D							
T							
F							
G							
R							

Prova di nuovo con altre categorie. Completa questo schema in 10 minuti.

parti del corpo	oggetti della casa	regioni italiane	nazioni	fiumi, laghi o mari	verbi riflessivi	tipi di pasta	
avambraccio	*armadio*	*Abruzzo*	*Argentina*	*Adriatico*	*annoiarsi*	*agnolotti*	
C _____	_____	_____	_____	_____	_____	_____	_____
L _____	_____	_____	_____	_____	_____	_____	_____
M _____	_____	_____	_____	_____	_____	_____	_____
S _____	_____	_____	_____	_____	_____	_____	_____
P _____	_____	_____	_____	_____	_____	_____	_____

Seconda prova

Per essere un pubblicitario devi essere bravo con le rime. Trova quattro parole
che fanno rima con questi prodotti alimentari.

Es.: *pane → cane, rane, sane, banane*

1. biscotto → _____ , _____ , _____ , _____
2. fusilli → _____ , _____ , _____ , _____
3. vino → _____ , _____ , _____ , _____
4. tortellini → _____ , _____ , _____ , _____
5. latte → _____ , _____ , _____ , _____

Terza prova

Per essere un pubblicitario devi avere un buon senso dell'umorismo.
Scrivi cosa ti fanno pensare queste immagini.

①   ②   ③

1. _____
2. _____
3. _____

Quarta e ultima prova

Inventa un jingle pubblicitario. Cambia le parole di una canzone conosciuta, come «O sole mio» e «La donna è mobile», inserendo nuove parole. Le parole devono riferirsi a:

1. una lavatrice

_____

_____

2. un computer

_____

_____

3. un libro d'italiano

_____

_____

4. uno zaino

_____

_____

> Complimenti!
>
> Accidenti!
>
> Benvenuto al «Pangrattato»
>
> Dove il pubblicitario
>
> È contento del salario.

Index